Wandern mit KINDERN

Renate u. Thomas Deininger

WIENER HAUSBERGE

Leopold Stocker Verlag
Graz – Stuttgart

Umschlaggestaltung: Atelier Geyer, Judendorf-Straßengel
Alle Fotos stammen von Renate und Thomas Deininger, außer dem Foto zu Tour 44 (Wilhelm Hartmann). Sämtliche Skizzen wurden von Thomas Deininger angefertigt.

Titelfoto: Ruine Johannstein im Naturpark Sparbach (Tour 12)

Renate Deininger, geb. 1963, ist Volksschullehrerin und begeisterte Bergsteigerin. Sie hat die Liebe zu den Bergen schon in ihrer Kindheit entdeckt und seither zahlreiche Bergtouren in den Ost- und Westalpen unternommen. Sie lebt mit ihrem Mann und ihren drei Kindern in Wien.

Dipl.-Ing. Thomas Deininger, geb. 1964, ist Nachrichtentechniker, Lehrer an einer Höheren Technischen Lehranstalt und Mitglied der Österreichischen Bergrettung. Als leidenschaftlicher Bergsteiger und Schitourengeher kennt er die Alpen im Sommer und im Winter.

Die Deutsche Bibliothek – CIP-Einheitsaufnahme

Deininger, Renate:
Wandern mit Kindern – Wiener Hausberge / Renate Deininger u. Thomas Deininger. – Graz : Stocker, 1995
ISBN 3-7020-0707-5
NE: Deininger, Thomas:

ISBN 3-7020-0707-5

Printed in Austria
Gesamtherstellung: M. Theiss, 9400 Wolfsberg

INHALT

VORWORT

„Wandern mit Kindern – daß es allen Spaß macht? Ist das überhaupt möglich?“ Diese Frage haben sich sicherlich schon etliche wanderbegeisterte Eltern und ebenso viele nicht wanderfreudige Kinder gestellt.

Wir wollen daher unseren Wanderführer an alle jene richten, die immer schon Freude am Bergsteigen und Wandern in den Wiener Hausbergen hatten und diese Freude nun mit ihren Kindern nicht verlieren wollen, aber auch an alle, die dieses Berggebiet erst gemeinsam mit ihren Kindern zu entdecken beginnen.

Wir selber sind Eltern von drei Kindern und stellen seit Jahren fest, daß die Bergwelt rund um Wien ideal dazu geeignet ist, erlebnisreiche Touren mit Kindern zu unternehmen. Hier gibt es genügend Freiraum zum Umhertollen, zum Spielen auf großen Wiesen, geheimnisvolle Burgen und Höhlen zu erkunden und durch romantische Klammen und Schluchten zu wandern. Ziel unseres Buches ist, Kinder und Erwachsene für die Berge zu begeistern: Wandern muß nicht fad sein, vieles gibt es dabei zu sehen, spannende Abenteuer kann man erleben, aber auch der sportliche Ehrgeiz der Kinder wird oft dabei geweckt.

Für Kinder, die in einer Stadt aufwachsen, ist diese Art der Freizeitgestaltung eine der wenigen Möglichkeiten, noch natürliche Lebensräume kennenzulernen. Viele Tiere und Pflanzen, die sie sonst nur vom Fernsehen oder aus Büchern kennen, leben hier in den Wiener Hausbergen und können bei diesen Wanderungen beobachtet werden.

Die in diesem Buch angeführten Wandervorschläge erheben keineswegs den Anspruch auf Vollständigkeit, es sind jene Touren, die wir für die 50 schönsten und für Kinder und Erwachsene gleichermaßen interessantesten halten; getestet auf ihre „Kindertauglichkeit“ wurden sie von unseren Kindern, die jedesmal ein unmißverständliches Urteil abgaben. Jede der Touren hat mindestens eine Besonderheit, die sicherlich allen Spaß macht, so zum Beispiel eine aufregende Klamm, eine Aussichtswarte, eine Burg oder einen besonders schönen Spielplatz.

Zielgruppe für diesen Führer sind in erster Linie Familien mit Kindern im Alter von 1 bis 10 Jahren. Die Wandervorschläge eignen sich aber auch für alle jene, die kurze, und doch abwechslungsreiche Wanderungen in den Wiener Hausbergen unternehmen wollen.

Das beschriebene Gebiet reicht vom nördlichsten Punkt der Alpen, dem Eichleitenberg, bis zu Roseggers Waldheimat im Süden und bis zum Ötscher im Westen. Alle diese Wanderungen können, sofern sie nicht für mehrere Tage angegeben sind, an einem Tag durchgeführt werden. Fast alle Ziele sind mit öffentlichen Verkehrsmitteln zu erreichen, wobei diese nicht nur aus ökologischer Sicht benützt werden sollten: Kindern macht Bahn- und Busfahren nämlich meistens mehr Spaß als langweiliges Autofahren.

Die Wegstrecken in diesem Buch sind bewußt kurz. Sie entsprechen dem Leistungsvermögen der Kinder und verhindern so eine Überanstrengung. Es soll auch genügend Zeit bleiben, daß sich Kinder dort, wo es ihnen besonders gut gefällt, länger aufhalten können. So kann z. B. eine Strecke, die ein Erwachsener in zwei Stunden Gehzeit bewältigen würde, mit Kindern ohne weiters zur Ganztagsunternehmung werden. Kürzere Touren bieten auch den Vorteil, daß Kinder das Ziel der Wanderung erreichen, bevor sie zu sehr ermüdet sind. Das Erfolgserlebnis für sie ist größer, wenn sie merken, daß sie die Wegstrecke mühelos bewältigen können.

Die Wiener Hausberge bieten für jeden etwas: So sollte es möglich sein, daß bei entsprechender Auswahl der Wanderungen alle, vom Kleinkind bis zum Großvater, glücklich nach Hause zurückkehren.

Wien, 1995 *Renate und Thomas Deininger*

Unseren Kindern
Martin, Eva und Peter

1. GRUNDSÄTZLICHES ZUM WANDERN MIT KINDERN

Sehen Sie die Wanderung mit den Augen eines Kindes!

Überlegen Sie sich doch einmal, welche Dinge Sie als Kind interessierten. Sicherlich wollten Sie nicht möglichst lange Wegstrecken zurücklegen, nur um Ihre Kondition zu verbessern, oder wandern, um die frische Luft und die schöne Natur zu genießen. Es waren vielmehr die Kleinigkeiten am Weg, die Ihr Interesse weckten. Eine kleine Schnecke, eine sonderbare Blume oder ein Felsen, den man von allen Seiten erklettern konnte. Das sind aber genau die Dinge, die auch heute noch für Kinder den Reiz einer Wanderung ausmachen. Achtet man bei der Auswahl der Unternehmungen darauf, daß diese „Kleinigkeiten" nicht zu kurz kommen, so werden die Wanderungen allen Spaß machen: den Kindern, weil ihre Neugierde immer wieder aufs neue geweckt wird, und Ihnen, weil Sie nicht ständig maulende und raunzende Kinder zum Weitergehen überreden müssen.

Kinder lieben die Abwechslung

Hüten Sie sich vor faden, eintönigen Forststraßen! Keinem Kind macht es Spaß, auf breiten, ausgetretenen Wegen ohne Abwechslung dahinzuwandern, nur weil Erwachsene oft meinen, ein Weg, der keine Schwierigkeiten biete, sei der ideale für Kinder. Schmale, ja sogar steile Wege, holprige Steige motivieren Kinder viel mehr zum Weitergehen.

Kinder verlieren bei gleichbleibenden Wegstrecken schnell das Interesse. So führt ein „kindgerechter" Weg z. B. ein Stück durch den Wald, wechselt dann bald auf eine freie Wiesenfläche, überquert auf einer Brücke einen Bach und leitet vielleicht sogar noch auf einem felsdurchsetzten Steig zu einem Gipfel mit einem großen Gipfelkreuz. Es ist hier die Verschiedenartigkeit, die Kindern Spaß macht, der Gedanke an Langeweile kann so gar nicht aufkommen.

Kinder klettern gerne

Kaum macht ein Kind seine ersten Gehversuche, bemüht es sich auch schon, alle Hindernisse seiner Umgebung zu erklettern. Diese Art des Bewegungsdranges, der zu Hause für Erwachsene oft nervenaufreibend ist, kann in der freien Natur so richtig ausgelebt werden. Hier gibt es genügend Möglichkeiten:

- Baumstämme
- Bäume
- Aussichtswarten
- Leitern
- kleine Felsblöcke
- Klettersteige

Ein Weg, bei dem man ab und zu die Hände zu Hilfe nehmen muß, ist für alle Kinder ein Erlebnis.

Kinder lieben das Geheimnisvolle

Besonders kleinere Kinder stellen sich hinter jedem Baum ein Waldzwergerl und hinter jeder Burgmauer eine Ritterrunde vor. Sagen und Märchen üben eine große Faszination auf sie aus. Erzählt man ihnen eine interessante Geschichte, die sich auf die jeweilige Wanderung bezieht, so bereitet ihnen das Weitergehen gleich viel mehr Freude. Durch die geweckte Neugierde wollen auch sie jene Orte erreichen, an denen sich diese Erzählungen zugetragen haben.

Auch Klammen, Schluchten und Höhlen sind geheimnisvoll und regen die Phantasie der Kinder an.

Kinder spielen gerne

Kinder brauchen die Möglichkeit sich auszutoben und zu spielen. Während der Wanderung sollte ihnen genügend Zeit und Freiraum dafür zur Verfügung gestellt werden. Gelegenheit dazu bietet sich fast überall, auf einer großen Wiese, an einem Bach, im Wald, bei Felsblöcken und vielem mehr. Einen kleinen Ball sollte man daher immer im Rucksack mithaben. Müde und gelangweilte Kinder werden durch Ballspielen rasch wieder munter.

Kinder brauchen Zeit für ihre Entdeckungen

Entlang von Wanderwegen gibt es eine Vielzahl von Steinen, Pflanzen und Tieren, die von den Kindern genau betrachtet werden müssen. Genügend Zeit muß dafür eingeplant werden. Auch wir Erwachsene entdecken so wieder viele Kleinigkeiten, an denen wir sonst achtlos vorübergehen würden.
Grundsätzlich gilt bei Kindern das Motto: „Der Weg ist das Ziel." Kinder interessieren sich nicht für zurückgelegte Kilometer und Höhenmeter, sie wollen Abenteuer erleben und brauchen während der Wanderung viel Abwechslung und viel Freiraum für ihren Bewegungsdrang.

Ob eine Wanderung ein erfreuliches Erlebnis für die ganze Familie wird, hängt von der Planung, der Durchführung und der „Aufarbeitung" der Unternehmung ab. Wir haben daher hier einige Punkte aufgelistet, die zum Gelingen einer Tour beitragen können:

Vor der Tour

- Planen Sie nur Touren, denen Sie auch mit Kindern hundertprozentig gewachsen sind!
- Das Ziel am besten gemeinsam mit den Kindern auswählen;
- das Interesse der Kinder durch Erzählungen, Fotos wecken;
- Hinweise auf interessante Wegabschnitte (z. B. Leitern, Drahtseile), aber auch Höhenangaben (z. B. persönlicher Höhenrekord) steigern die Vorfreude;
- Weglänge und voraussichtliche Dauer der Wanderungen den Kindern mitteilen;
- keine Wanderung ohne entsprechende Karte, Wegverlauf schon zu Hause auf der Karte verfolgen. Länge, Dauer und Schwierigkeiten der Tour an Hand von Karten- und Führermaterial versuchen abzuschätzen;
- man kann ohne weiteres schon kleineren Kindern den Wegverlauf auf der Karte zeigen, das weckt ihr Interesse und ihre Neugierde;
- Ausrüstung und Verpflegung müssen dem Tourenziel angepaßt sein (siehe Kapitel „Ausrüstung" und „Essen und Trinken");
- Ziel und Dauer der Wanderung nach den Fähigkeiten der Teilnehmer sowie nach dem Wetter und der zur Verfügung stehenden Zeit auswählen. (Spielpausen einplanen!)

Als Grundsatz gilt hier: Besser, eine kürzere Tour planen und genügend Zeit zum Spielen und Rasten haben, als sich ehrgeizig eine lange Wanderung vornehmen, während der man dann die Kinder ständig „antreiben" muß.

Während der Tour

- Je abwechslungsreicher der Weg, desto interessanter ist er;
- Kinder nicht zum gleichmäßigen Gehen zwingen, denn Kindern macht es Spaß, öfters stehen zu bleiben oder den Weg entlang zu hüpfen oder ein Stück voraus zu laufen;
- Kinder selbst den Weg finden zu lassen macht die Wanderung spannender und fördert Selbständigkeit und Selbstvertrauen;
- Geschichten erzählen wirkt Wunder: Die Müdigkeit ist schnell vergessen, sobald die Kinder durch eine spannende Geschichte (Märchen, Selbsterfundenes,...) abgelenkt werden;
- Spiele und Rätsel (z. B. Wer sieht die nächste rote Blume?...) helfen über langweilige Wegabschnitte hinweg;
- mit kommenden Attraktionen, wie Spielplätzen, Gasthäusern, Aussichtswarten, Felsen, zum Weitergehen motivieren;
- Kinder an für sie interessanten Plätzen (Bächen, Wiesen,...) spielen lassen;
- Kinder auf Besonderheiten aufmerksam machen;
- Ängste der Kinder (z. B. in eine Höhle hineinzugehen, auf eine Leiter zu klettern, an Kühen vorbeizugehen,...) ernst nehmen, darüber reden und versuchen, sie abzubauen. Hat das Kind trotzdem weiterhin Angst, so sollte man unbedingt Verständnis zeigen. Zwingen Sie es auf keinen Fall etwas zu tun, wovor es sich fürchtet;
- genügend Pausen einlegen. Erwarten Sie aber nicht, daß die Kinder dabei ruhig sitzen bleiben, oft werden diese zum Herumtollen genützt. Achten Sie aber dennoch darauf, daß sich gerade bei längeren Wanderungen die Kinder ausrasten können, d. h., raten Sie von zu ermüdenden Spielen ab!
- Kinder sollen dann essen und trinken können, wenn sie danach verlangen, nicht erst bei der nächsten größeren Rast;
- es macht allen Freude, Erinnerungsstücke an die Wanderung zu sammeln (z. B. Hüttenstempel, Schneckenhäuser, Steine,...);
- ein Stock, selbst gefunden im Wald, eignet sich sehr gut zum Nachziehen, Abstützen, Blätter aufspießen u. a. m., wodurch das Gehen für Kinder lustiger wird;

- bei unvorhergesehenen Situationen (z. B. Wetterverschlechterung, Verirren, starken Ermüdungserscheinungen) kein Risiko eingehen (siehe Kapitel „Richtiges Verhalten in den Bergen");
- Vertrauen in die Fähigkeiten der Kinder setzen, d. h. sie so frei wie möglich gehen und spielen lassen und sie nicht ständig ängstlich behüten und auf alle Hindernisse hinweisen. Ist Vorsicht wirklich geboten, die Gefahr sachlich erklären und entsprechend sorgfältig aufpassen.

Nach der Tour

- Tourenbuch anlegen: Jedes Kind freut sich, wenn es nachlesen und herzeigen kann, wo es schon gewesen ist, welche Berge es schon bezwungen hat;
- Herstellen eines Sammelheftes: Postkarten, Hüttenstempel, getrocknete Blumen, Fotos u. a. m. können hier eingeklebt werden;
- auf der Karte nochmals den zurückgelegten Weg verfolgen;
- Kinder noch einmal von den spannenden, aufregenden oder lustigen Erlebnissen erzählen lassen;
- gemeinsames Anschauen der Fotos oder Dias.

Darum sollte man immer Reservegewand mitnehmen!

Über Baumstämme balancieren, macht jedem Kind Spaß.

Warum nicht einmal bei einer Wanderung Schneemänner bauen?

2. AUSRÜSTUNG

Bekleidung

Zu beachten ist hier, daß Kindern oft ihr äußeres Erscheinungsbild, auch bei Familienunternehmungen, sehr wichtig ist. Modefarben und zeitgemäße Kleidung sind dabei sicherlich nicht verpönt, solange sie zweckmäßig sind. Auch bei Berücksichtigung der Wünsche der Kinder sollte die Bekleidung aber immer folgende wesentliche Kriterien erfüllen:

- Eignung für Wärme und Kälte. Schwitzen und Frieren wirken sich immer negativ aus;
- auch bei Nässe soll die Kleidung noch wärmen;
- die Bekleidung der Kinder und der Erwachsenen soll strapazierfähig und bequem sein. Man muß damit rechnen, daß gerade Kinder ihre Kleidung beim Herumtollen und Klettern sehr beanspruchen und verschmutzen;
- besonders für kleinere Kinder sollte man immer Reservewäsche mitnehmen (frische Unterwäsche, Reservesocken, -hose, -hemd). Ein Plastiksack schützt sie im Rucksack vor Nässe;
- Regengewand sowie Haube und Handschuhe, diese besonders in den kühleren Jahreszeiten, gehören in den Rucksack (Regengewand eignet sich auch bei trockenem Wetter als Sitzunterlage);
- Schuhe: Es müssen nicht immer Bergschuhe sein, doch sollten sie bequem und wasserfest sein, eine rutschfeste Sohle aufweisen und über den Knöchel reichen.

Rucksack

Auch bei wenig Gepäck ist der Rucksack jeder Umhängetasche und ähnlichem überlegen. Er sollte so gefertigt sein, daß er nicht direkt am Rücken anliegt (ein Netzrücken paßt sich optimal dem Rücken an, wobei das Netz eine Belüftung des Rückens ermöglicht), die Länge der Rucksackträger sollte der Körpergröße angepaßt sein. Ein Hüftgurt hilft, das Gewicht von den Schultern auf die Hüften zu verlagern.

Kinder sind stolz, wenn sie ihren eigenen kleinen Rucksack tragen, sie können sich darin kleine Spielsachen, aber auch ihre eigene

Trinkflasche mitnehmen. Auf keinen Fall aber soll er für sie zu schwer sein.

Kindertragen

Bei den Kindertragen sollten folgende Kriterien beachtet werden, um den Transport sowohl für das KInd als auch für den Erwachsenen so angenehm wie möglich zu gestalten:
Eine funktionelle Trage sollte mit einem **Hüftgurt,** einer **Kopfstütze** für das Kind (seitliche Kopfstützen stabilisieren zusätzlich Kopf und Oberkörper des Kindes), einem **Netzrücken,** einem **integrierten Rucksack,** einer **Kind-Fixierung** und einem **Auslegeständer** (damit wird die Trage „selbststehend") ausgestattet sein. Weiters sollte man darauf achten, daß keine Verletzungsmöglichkeiten für das Kind an den beweglichen Teilen der Trage bestehen, und daß keine abnehmbaren Teile in Griffnähe des Kindes angebracht sind, die es verschlucken könnte.

Sonnenschutz

Sonnencreme, besonders in höheren Lagen, sowohl im Sommer als auch im Winter verwenden. Weiters Sonnenbrille (mit 100% UV-Schutz) und Sonnenhut nicht vergessen!

Apotheke

Eine Apotheke sollte man immer dabeihaben! Am wichtigsten sind hier:

- Pflaster in verschiedenen Größen
- Mulltupfer als Wundauflage
- Leukoplast
- Verbände
- elastische Binden
- Dreieckstuch
- als seelisches Trostplaster: Traubenzuckerzuckerln oder ähnliches.

Essen und Trinken

Kinder haben bei Wanderungen meist großen Hunger und noch größeren Durst. Hier einige Details für die Verpflegung:

- Saftiges schmeckt besser als Trockenes (z. B. Obst, Pudding,...);
- Vorlieben der Kinder beim Essen und Trinken berücksichtigen;
- besser Kohlehydrate als Fett, denn diese werden leichter und schneller verdaut;
- Süßigkeiten verstärken den Durst und sind daher nur in geringen Mengen zu empfehlen;
- zum Trinken am besten Tee oder Fruchtsäfte in einer Trinkflasche mitnehmen (in der kalten Jahreszeit bewährt sich die Thermosflasche);
- kohlensäurehältige Getränke sind nicht empfehlenswert;
- Getränke in Wegwerfpackungen und Aludosen sind aus Umweltgründen abzulehnen;
- in einem Plastiksackerl kann man alle Abfälle wieder mitnehmen.

Kartenmaterial

Auf jede Wanderung, und sei sie noch so einfach und gut zu finden, sollte man die entsprechende Wanderkarte mitnehmen. Das von uns beschriebene Gebiet der Wiener Hausberge wird größtenteils mit den Wanderatlanten von Freytag & Berndt im Maßstab 1:50 000 abgedeckt. Nur für einige Randgebiete benötigt man eine eigene Karte. Für unsere Familienwanderungen ist der Maßstab 1:50 000 vollkommen ausreichend.
Noch ein Wort zu den Markierungen: In letzter Zeit werden fast alle Wege nur mehr rot markiert und mit einer bestimmten Nummer versehen. Doch gibt es, gerade im Wienerwald, noch eine große Zahl von Wanderwegen, welche andersfärbig markiert sind. In den Karten von Freytag & Berndt sind die Wege auch mit ihrer entsprechend färbigen Markierung eingezeichnet. Hingegen sind in den Karten des Österreichischen Bundesamtes für Eich- und Vermessungswesen im Maßstab 1:50 000 (genannt: ÖK 50) alle Wege rot bezeichnet, auch wenn die Markierung in Wirklichkeit eine andere Farbe hat.

Sonstige Ausrüstungsgegenstände

• *Brustgurt und Reepschnur*
Beim Begehen von Klettersteigen empfehlen wir für Kinder und nicht trittsichere Personen Brustgurt und Reepschnur oder ein kurzes Seil zum Sichern zu verwenden. Alpine Lehrschriften sowie Kurse der Alpinen Vereine geben eine Einführung in deren Handhabung.

• *Taschenlampen, Stirnlampen*
Bei ungeführten Höhlenbesuchen sollte man mindestens zwei unabhängige Lichtquellen mitnehmen.
Bei längeren Wanderungen empfiehlt sich ebenfalls die Mitnahme einer Taschenlampe.

• *Biwaksack*
Bei bereits alpinen Touren (z. B. Rax, Schneealpe,...) ist es ratsam, einen Biwaksack mitzunehmen, der ja auch im Falle eines Wetterumschwungs Schutz bieten kann.

3. RICHTIGES VERHALTEN IN DEN BERGEN

Verantwortungsvolles und umsichtiges Verhalten sowie die Kenntnis einiger Grundregeln über Sicherheit im Gebirge können viele Unfälle vermeiden. Geht man hier mit gutem Beispiel voran, so übernehmen Kinder schon von klein auf all jene Verhaltensweisen, die ihnen später, wenn sie vielleicht einmal selbständig Bergtouren unternehmen, zur Selbstverständlichkeit werden.
Leichtsinn, Übermut, falscher Ehrgeiz haben am Berg keinen Platz! In kritischen Situationen Ruhe bewahren und besonnen handeln! Hier nur ein kurzer Überblick über jene Verhaltensregeln, die jeder Bergwanderer wissen und beherzigen sollte:

Richtiges Verhalten bei Verirren

Es gibt fast kein Gelände, wo Verirren nicht möglich ist! Um dies zu vermeiden, sind einige wesentliche Dinge zu beachten:

- Jeder Erwachsene sollte Kartenlesen sicher beherrschen und sich schon einmal eingehend mit dem Thema Orientierung beschäftigt haben (hierzu gibt es Lehrschriften des Alpenvereins, auch bieten die Alpinen Vereine und Bergsteigerschulen immer wieder Kurse zu diesem Thema an);
- bereits zu Hause sollte der Wegverlauf an Hand der Karte genau verfolgt werden, wesentliche Dinge, wie Abzweigungen, Stützpunkte etc. sollte man sich genau einprägen;
- aufmerksames Gehen verhindert, daß man den richtigen Weg verfehlt, achtlos an einer Abzweigung vorübergeht. Man sollte immer seinen Standpunkt auf der Karte feststellen können;
- hat man einmal den Weg verloren, so versucht man, an Hand von Geländeformen seinen Standort auf der Karte festzustellen. Meistens ist es am besten, auf demselben Weg zurückzukehren, bis man wieder den richtigen Weg gefunden hat.

Richtiges Verhalten bei Schlechtwetter

Wetterumschwünge im Gebirge können sehr ernste Folgen mit sich bringen; gerade mit Kindern ist hier größte Vorsicht geboten. Keiner erinnert sich gerne an eine Wanderung, von der er völlig durchnäßt zurückkehrte. Wettervorhersagen sollten daher beachtet werden, genauso wie die Wetterentwicklung während der Wanderung.

- *Bei Gewitter:* Wasserläufe sowie exponierte Stellen meiden, nicht unter Bäumen oder in Felsnischen unterstellen. Versicherte Klettersteige so rasch wie möglich verlassen. Wenn es nicht mehr möglich ist, einen festen Unterstand zu erreichen, sollte man sich in Hockstellung, am besten in einer Mulde, hinkauern und dabei die Arme um die Knie legen.
- *Bei Nebel:* Solange genügend Sicht ist, Standort auf der Karte genau feststellen. Wenn der Weiterweg nicht mehr eindeutig zu erkennen ist und man auch keine Hilfsmittel, wie Bussole und Höhenmesser, mithat bzw. mit ihrer Handhabung nicht vertraut ist, sollte man nicht mehr weitergehen, sondern auf Wetterbesserung warten (warme Kleidung anziehen, in den Biwaksack setzen).
- *Bei starkem Regen, Schneefall:* Rechtzeitig Regenbekleidung anziehen und versuchen, auf dem schnellsten Weg den nächsten Stützpunkt oder den Ausgangspunkt zu erreichen.

Alpines Notsignal

Wer sich verirrt, verstiegen oder verletzt hat und sich aus dieser Lage nicht mehr ohne fremde Hilfe befreien kann, wendet das Alpine Notsignal an, um Hilfe herbeizuholen.
Das Signal besteht entweder aus sichtbaren oder akustischen Zeichen, die je nach Situation und Tageszeit angewendet werden.
Sechsmal in der Minute werden **in regelmäßigen Abständen** Zeichen gegeben. **Nach einer Minute Pause** wiederholt man das Signal. Dieses wird so lange wiederholt, bis man ein Antwortzeichen bekommt. Dieses besteht aus **drei Signalen pro Minute.** Man weiß dann, daß der eigene Notruf verstanden wurde und man mit Hilfe rechnen kann.

Umweltbewußtes Verhalten

- *Anfahrten:* nach Möglichkeit mit öffentlichen Verkehrsmitteln
- *Schutz von Pflanzen:* Viele der wildwachsenden Blumen und Sträucher gehören zu den vollkommen geschützten Pflanzenarten und dürfen daher nicht gepflückt werden. Auch nichtgeschützte Blumen sollten nur in geringen Mengen gepflückt werden, da abgerissene Blumen sehr schnell verwelken, während sie auf der Wiese noch viele andere erfreuen können.

- *Schutz von Tieren:* Lärm in den Wäldern vermeiden, da dadurch die Tiere verschreckt werden. Wildfütterungsstellen sind keine Spielplätze und sollten auch nicht berührt werden. Daß das Leben aller Tiere (so auch von Schlangen, Spinnen, Ameisen,...) geschützt wird, sowie ihre Bauten und Nester nicht zerstört werden dürfen, ist selbstverständlich.
- *„Abkürzer" vermeiden:* Wegabkürzungen tragen vor allem in alpinen Gegenden zur Bodenerosion bei, die nur mehr schwer rückgängig zu machen ist.
- *Keine Abfälle:* Auf den Wanderungen absolut nichts wegwerfen! Zum Beispiel wirken Papiertaschentücher, die im Winter in den Schnee geworfen wurden, äußerst häßlich zwischen den Frühlingsblumen.

4. ZUM GEBRAUCH DES FÜHRERS

Zielgruppe dieses Führers sind einerseits Familien mit Kindern im Alter von 1 bis 10 Jahren, andererseits alle, die kurze, aber auch interessante Wanderungen in den Wiener Hausbergen unternehmen wollen.
Nach einem allgemeinen Informationsteil (Kap. 1 bis 5) sowie einer Auflistung der Tourenvorschläge nach verschiedenen Kriterien (z. B. Burgen, Klammen,...) folgen 50 Tourenvorschläge, die folgendermaßen aufgebaut sind:
Bereits in der **Überschrift** findet man Zeit- und Schwierigkeitsangabe.
Die *Zeitangabe* bezieht sich auf normales Erwachsenen-Gehtempo, wobei die Gehzeit mit Kindern je nach Alter und Übung davon abweichen wird. Jede Familie wird rasch herausfinden, in welchem Verhältnis ihre individuelle Gehzeit zu der angegebenen steht.
Wir haben für die *Schwierigkeitsbewertung* drei Symbole gewählt:

- bedeutet einfache Wanderung, der Weg bietet keinerlei Schwierigkeiten und kann auch schon von wenig trittsicheren Kindern begangen werden;
- bedeutet mäßig schwierige Wanderung, der Weg verlangt bereits Trittsicherheit, an manchen Stellen muß man die Hände zu Hilfe nehmen;
- bedeutet schwierige Wanderung, der Weg verlangt absolute Trittsicherheit und Schwindelfreiheit, versicherte Kletterstellen erfordern bereits ein wenig Kraft und Kletterfertigkeit, für Kinder und nicht trittsichere Personen sollte man unbedingt zum Sichern Brustgurt und Reepschnur oder ein kurzes Seil verwenden.

Es folgt ein **Informationsblock;** er gibt eine Kurzcharakteristik der Wanderung:
Alter: Kinder ab diesem Alter sind unserer Meinung nach für die beschriebene Tour geeignet. Natürlich kann eine solche Angabe immer nur ein Richtwert sein, da Interesse, Ausdauer und Können von Kind zu Kind sehr unterschiedlich sind.

Weiters findet man Informationen über Ausgangspunkt, Bahnverbindung, Busverbindung, ➜ Wegverlauf, Stützpunkt, Was allen Spaß macht und Karten.
Nach dem Informationsblock wird **Interessantes und Wissens-**

wertes über die Wanderung beschrieben. Dies ist auch dazu gedacht, die Kinder schon vor der Wanderung neugierig zu machen oder ihnen während der Unternehmung etwas davon zu erzählen.
Der **Wegverlauf** beschreibt die Wanderung im Detail.
Die **Skizze** gibt einen Überblick über den Wegverlauf und hilft, diesen auf der Karte zu finden, ist aber nicht als Ersatz für eine Wanderkarte gedacht.
Die **Besonderheiten in der Umgebung** geben Hinweise auf Sehenswertes oder Freizeitangebote in der Nähe der Wanderroute, die sich gut mit dieser verbinden lassen. Viele dieser Tips eignen sich auch als Schlechtwetterprogramm oder geben Anregungen für weitere Wanderungen in diesem Gebiet.
Zu den meisten Tourenvorschlägen finden sich im Führer **Fotos,** die dazu beitragen sollen, sich Art und Charakter der Tour vorzustellen.

5. ERKLÄRUNG DER ABKÜRZUNGEN UND ZEICHEN

ÖAV	Österreichischer Alpenverein
ÖGV	Österreichischer Gebirgsverein
ÖTK	Österreichischer Touristenklub

	Alter der Kinder
⊙	Ausgangspunkt
	Bahnverbindung
	Busverbindung
→	Wegverlauf
	Stützpunkt
☺	Was allen Spaß macht
	Karten
!	Ausrüstung
▲	Gipfel
	Burg, Ruine
	Aussichtswarte
	Schloß
	Denkmal
	Kirche
	Kapelle
	Bildstock
	Höhle
	Sender
	Kraftwerk
P	Parkplatz

6. AUFLISTUNG DER TOUREN NACH VERSCHIEDENEN KRITERIEN

Große Wiesen

Bisamberg (Tour 2)
Eichleitenberg (Tour 3)
Hermannskogel (Tour 5)
Pfalzberg (Tour 8)
Himmelswiese (Tour 9)
Föhrenberge (Tour 10)
Burg Liechtenstein (Tour 11)
Naturpark Sparbach (Tour 12)
Laxenburg (Tour 14)
Peilstein (Tour 17)
Hochstaff (Tour 20)
Symposion (Tour 21)
Steinwandklamm (Tour 22)
Myrafälle (Tour 23)
Ruine Scheuchenstein (Tour 30)
Geländ (Tour 31)
Mamauwiese (Tour 32)
Gr. Sonnleitstein (Tour 36)
Waxriegel (Tour 38)
Jakobskogel (Tour 39)
Heukuppe (Tour 40)
Türkensturz (Tour 43)
Kampstein (Tour 45)
Hochwechsel (Tour 46)
Steyersberger Schwaig (Tour 47)

Bäche und Seen

Himmelswiese (Tour 9)
Naturpark Sparbach (Tour 12)
Laxenburg (Tour 14)
Steinwandklamm (Tour 22)
Myrafälle (Tour 23)
Teufelsmühlstein (Tour 25)
Balbersteine (Tour 29)
Ruine Scheuchenstein (Tour 30)
Mamauwiese (Tour 32)
Johannisbachklamm (Tour 33)
Steyersberger Schwaig (Tour 47)
Falkenstein (Tour 49)
Hintere Tormäuer (Tour 50)

Burgen

Kreuzenstein (Tour 1)
Eichleitenberg (Tour 3)
Burg Liechtenstein (Tour 11)
Naturpark Sparbach (Tour 12)
Laxenburg (Tour 14)
Rauheneck (Tour 18)
Ruine Scheuchenstein (Tour 30)
Türkensturz (Tour 43)

Aussichtswarten

Eichleitenberg (Tour 3)
Anninger (Tour 13)
Kahlenberg (Tour 4)
Naturpark Sandstein (Tour 6)
Föhrenberge (Tour 10)
Pfaffstättner Kogel (Tour 15)

Klammen

Steinwandklamm (Tour 22)
Myrafälle (Tour 23)
Ruine Scheuchenstein (Tour 30)
Johannisbachklamm (Tour 33)
Falkenstein (Tour 49)

Möglichkeiten zum Klettern

Hoher Lindkogel (Tour 19)
Hohe Wand – Große Klause (Tour 26)
Hohe Wand – Drobilsteig (Tour 27)
Hohe Wand – Hanselsteig (Tour 28)
Balbersteine (Tour 29)
Schneeberg – Weichtalklamm (Tour 37)
Rax – Heukuppe (Tour 40)
Luckete Wand (Tour 41)
Hintere Tormäuer (Tour 50)

Höhlen

Pfaffstättner Kogel (Tour 15)
Rauheneck (Tour 18)
Allander Tropfsteinhöhle (Tour 16)
Mariahilfberg (Tour 24)
Teufelsmühlstein (Tour 25)
Luckete Wand (Tour 41)
Hermannshöhle (Tour 43)
Falkenstein (Tour 49)

7. 50 TOURENVORSCHLÄGE

1 KREUZENSTEIN

Gehzeit: 1 Std.

Romantische Burg über der Donau

Alter: ab 4 Jahre
Ausgangspunkt: Abzweigung zur Burg Kreuzenstein in Leobendorf
Bahnverbindung: Schnellbahn bis Haltestelle Leobendorf-Kreuzenstein
Wegverlauf: Abzweigung zur Burg Kreuzenstein – Burg Kreuzenstein (266 m) – Abzweigung zur Burg
Stützpunkt: Gasthaus bei der Burg Kreuzenstein
Was allen Spaß macht: Besichtigung der Burg
Karten: Freytag & Berndt, Wienerwald-Atlas, 1:50 000

Über den Ruinen der Burg Grizanenstein aus dem 12. Jh. erhebt sich heute in Naturgröße das Modell einer Burg aus dem 14./15. Jh. Die ursprüngliche Burg bildete im Mittelalter gemeinsam mit Greifenstein eine wichtige Talsperre, bis sie von schwedischen Truppen besetzt und 1645 bei deren Abzug gesprengt wurde.
Johann Nepomuk Graf Wilczek begann 1879, über den alten Mauerresten die Burg wieder aufzubauen. Das war ein schwieriges Unternehmen, da keinerlei Pläne, Bilder oder Zeugnisse des alten Baus vorlagen. Der Graf war aber ein Kenner des europäischen Burgenbaus und ein Sammler von Weltruf und wollte die Burg so historisch getreu wie möglich bauen lassen. Die Arbeiten dauerten 29 Jahre. Schließlich entstand eine in ihrer Art einmalige Museumsburg mit Einrichtungs- und Ausstellungsgegenständen aus ganz Europa. Neben einer der reichhaltigsten Sammlungen mittelalterlicher Waffen kann man auch Nachbildungen einer gotischen Kapelle, einer „Fürsten"-, „Pfaffen"- und Badestube, sowie die Bibliothek und die Burgküche besichtigen. Ein besonderes Prunkstück ist der aus dem Stift Brixen stammende gotische Sakristeischrank.
Geöffnet ist die Burg von März bis November, tägl. 9–17 Uhr.
Die Burg ist bereits von weitem sichtbar und beeindruckt durch ihr Aussehen und durch ihre Lage auf dem Waldhügel. Der Weg verläuft sanft ansteigend durch Laubwald, wobei der Ausgangspunkt entweder die Abzweigung zur Burg in Leobendorf oder die Schnellbahnhaltestelle Leobendorf (zusätzlich 30 Min. bis zur Abzweigung) ist. Eine Fahrstraße führt zum Parkplatz knapp unterhalb der Burg.

Wegverlauf

Ausgangspunkt ist die Abzweigung zur Burg in Leobendorf. Man folgt der roten Markierung, die zuerst einige Meter die Straße entlang führt, die ebenfalls zur Burg leitet. Dann zweigt der Weg nach rechts in den Wald ab, nach 10 Min. stößt der Weg wieder auf die Straße. Hier ist es besser, nicht der roten Markierung über die Straße zu folgen, sondern auf schönem Waldweg nach rechts direkt zur Burg hinaufzugehen (20 Min. ab Leobendorf).
Zurück kann man dann die rote Markierung benützen, die an einer Siedlung vorbei führt, bevor sie wieder auf den Aufstiegsweg trifft.

Besonderheiten in der Umgebung

- Stadtturm in Korneuburg aus dem 15. Jh., geöffnet: Mai–Oktober, tägl. 10–17 Uhr
- Stadtmuseum in Korneuburg, Dr.-Max-Burckhard-Ring 11, geöffnet: Mai–Oktober, Sa 14–17, So 9–12 Uhr
- Stadtbrunnen in Korneuburg, stellt den Rattenfänger dar.

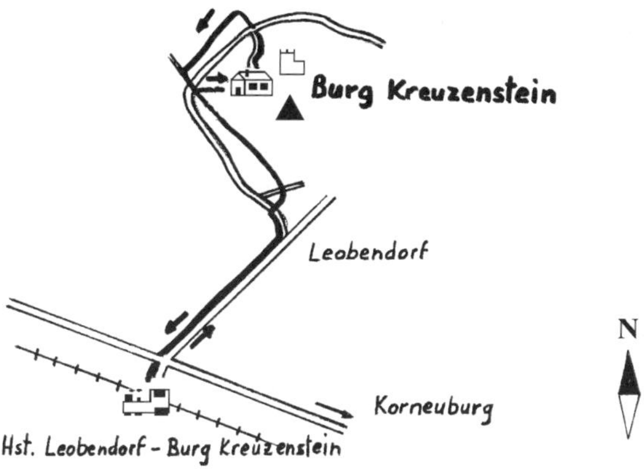

2 BISAMBERG

Gehzeit: 1,5 Std. /

Spielwiesen über der Donau

Alter: ab 4 Jahre
Ausgangspunkt: Langenzersdorf
Bahnverbindung: Schnellbahn bis Haltestelle Langenzersdorf
→ *Wegverlauf:* Langenzersdorf (170 m) – Czastkaweg – Elisabethhöhe (358 m) – Wirtshaus Gamshöhe – Hohle Gasse – Langenzersdorf
Stützpunkt: Wirtshaus Gamshöhe
Was allen Spaß macht: • Lagerwiese mit Spielplatz
• Donaublick
Karten: Freytag & Berndt, Wienerwald-Atlas, 1:50 000

Der Bisamberg ist eine typische Halbtagesunternehmung. Der Ausgangspunkt Langenzersdorf ist mit der Schnellbahn rasch erreicht, und die Wanderung hat trotz ihrer Kürze einiges zu bieten. Wenn man sich vom Spielplatz in Langenzersdorf nicht zu lange aufhalten läßt, erreicht man über einen kehrenreichen Weg die Spielplätze am Gipfel des Bisambergs. Während des Aufstiegs, der hauptsächlich im Wald verläuft, hat man immer wieder einen schönen Blick hinunter zur Donau, auf Klosterneuburg und auf Wien. Auf dem höchsten Punkt, der Elisabethhöhe, befindet sich auch ein Denkmal für Kaiserin Elisabeth, welches von den Frauen Korneuburgs und Umgebung gestiftet wurde. Von dort zieht ein breiter Rücken zur Gamshöhe hinüber, wo sich ein Gasthaus befindet (auch mit dem Auto erreichbar). Der Abstieg erfolgt über schöne, schattige Waldwege, wobei man die Weingärten und den Bergheurigen Langer rechts liegen läßt.
Der Bisamberg ist aber auch von frühgeschichtlicher Bedeutung: Auf der Elisabethhöhe siedelten Menschen bereits in der Hallstattzeit (ca. 800 bis 450 v. Chr.). Die Höhensiedlung wurde von einer mächtigen Wallböschung geschützt, welche man heute allerdings nur mehr unter den Lagerwiesen erahnen kann.
Eine weitere Besonderheit befindet sich nördlich des Bisambergs, und zwar im gleichnamigen Ort: eine verschwundene Burg. Diese Burg von Bisamberg stand angeblich auf dem Kirchenhügel des Ortes. Obwohl der Platz im Laufe der Zeit oft verändert wurde, sind der hochaufragende Burghügel und das Wirtschaftsplateau noch erkennbar. Die Kirche auf dem ehemaligen Burghügel ist im Kern ro-

manisch, im Äußeren jedoch spätgotisch und barock verändert. Der romanische Kirchenteil dürfte ein Teil der alten Burg gewesen sein.

Wegverlauf

Ausgangspunkt ist Langenzersdorf, das man auch gut mit der Schnellbahn erreichen kann. Vom Hauptplatz folgt man der roten Markierung (Czastkaweg) Richtung Bisamberg. Über steilen Waldweg in Kehren zu den Wiesen auf der Elisabethhöhe. Nun nach Osten in wenigen Minuten zum Gasthaus Gamshöhe. Von hier rechts auf roter Markierung auf die Gamshöhe und dann nach rechts auf blauer Markierung durch die Hohle Gasse zurück zum Ausgangspunkt (insgesamt 1,5 Std.).

Besonderheiten in der Umgebung

- Kellergassen in Langenzersdorf mit dazugehörigen Heurigen
- ORF-Sender auf dem Bisamberg
- Heimatmuseum in Langenzersdorf, Obere Kirchgasse 23, geöffnet: 15. April–15. Nov.; So 10–12 Uhr (beherbergt die 5000 Jahre alte „Venus von Langenzersdorf")
- Anton-Hanak-Museum (dem berühmten, 1934 verstorbenen Bildhauer gewidmet), Obere Kirchengasse 23, geöffnet: 15. Apr.–15. Nov.; Sa, So und an Feiertagen von 9–12 und 13.30–18 Uhr, Di 9–12 Uhr

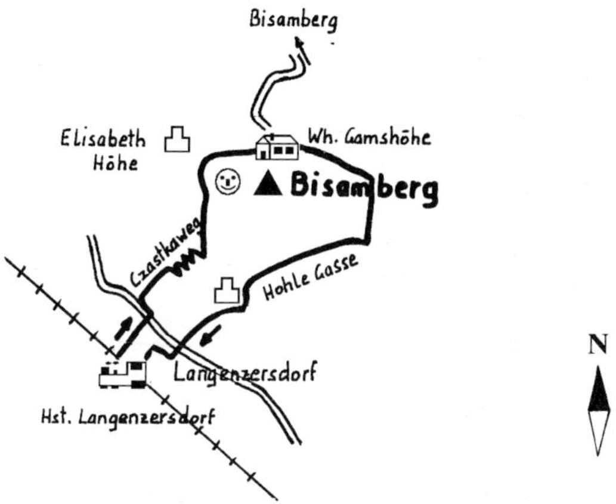

Burg Kreuzenstein (Tour 1)

Am Aufstieg zum Bisamberg mit Blick zur Donau (Tour 2)

Burg Greifenstein (Tour 3)

3 BURG GREIFENSTEIN – EICHLEITENBERG

Gehzeit: 2 Std./

Auf der Suche nach dem nördlichsten Gipfel der Alpen

Alter: ab 4 Jahre
Ausgangspunkt: Bahnhof Greifenstein
Bahnverbindung: Schnellbahn bis Haltestelle Greifenstein–Altenberg
Wegverlauf: Bahnhof Greifenstein (183 m) – Burg Greifenstein – Eichleitenberg (366 m) – Obelisk – Tempelberg Warte (403 m) – Altenberg – Greifenstein
Stützpunkt: Restaurant in der Burg Greifenstein
Gasthaus in Hadersfeld
Was allen Spaß macht:
- Burg Greifenstein
- Suche nach dem nördlichsten Alpengipfel
- Aussichtswarte am Tempelberg

Karten: Freytag & Berndt, Wienerwald-Atlas, 1:50 000

Die Alpen erstrecken sich auf einer Länge von 1200 km von Österreich bis nach Frankreich. Aber wo genau beginnt eigentlich dieses Gebirge? Auf der Karte finden wir als nördlichsten Punkt einen Berg mit dem Namen „Eichleitenberg".
Bei unserer Wanderung müssen wir diesen Berg erst entdecken, ein unbezeichneter, aber nicht zu verfehlender Weg führt auf den Gipfel. Aber welche der kleinen Erhebungen im Laubwald ist wirklich der höchste Punkt? Ganz sicher kann man sich hier nicht sein – am besten, man entscheidet demokratisch.
Den Ausgangspunkt erreicht man sehr gut mit der Schnellbahn oder, für Kinder noch interessanter, mit dem Donauschiff.
Zuerst besuchen wir die Burg Greifenstein. Sie wurde 1135 erbaut und diente bis ins 17. Jh. als Fluchtburg, später wurde sie als Gefängnis für Staatsfeinde benützt. Im 19. Jh. erneuerte Fürst Johann I. von Liechtenstein die Burg im neuromanischen Stil.
Der Sage nach soll sich in den Kellern der Burg ein Schatz befinden, der von einem schrecklichen Riesen bewacht wird.
Heute beherbergt die Burg ein Restaurant und ein Museum. Von der alten Anlage sind noch der wuchtige Bergfried (das ist der Beobachtungs- und Hauptturm), die Vorhalle, die Knappenhalle und ein Teil der Verteidigungsmauer zu sehen. Das Museum ist vom 1. April – 1. Nov. an Samstagen, Sonn- und Feiertagen von 11 bis 16 Uhr geöffnet.

Weitere Besonderheiten dieser Rundwanderung sind ein alter Obelisk mit Gedenktafel sowie die 17 m hohe Aussichtswarte auf dem Tempelberg (geöffnet an schönen Sonn- und Feiertagen von April bis Oktober).

Wegverlauf

Ausgangspunkt ist der Bahnhof Greifenstein. Auf der Wiener Straße 500 m in Richtung Höflein, bis zur Abzweigung der Straße nach Hadersfeld (Tafel). Hier nach rechts zuerst steil bergauf und auf einem grabenartigen Waldweg bis zur Burg. Von hier führt, eher schlecht markiert (grün), der Weg in Richtung Hadersfeld weiter. Der Weg nimmt bald an Steilheit ab und trifft auf die rote Markierung (Weg von Höflein). Nun geht man ziemlich genau nach Norden auf Steigspuren zum Gipfel des Eichleitenbergs (5 Min.). Anschließend zurück zur Wegkreuzung und auf grün und roter Markierung bis zu einer asphaltierten Straße in Hadersfeld. Hier bei einem Schranken kann man nach links auf gelber Markierung zum Obelisk gehen (hier stand angeblich schon in Römerzeiten ein Wachturm).

Zurück zum Schranken und geradeaus auf die Hauptstraße. Auf dieser nach links, bis nach 100 m die Schloßgasse nach rechts abzweigt. Am Ende der Straße führt ein gelb markierter Weg zur Tempelberg Warte (Wegweiser). Zur Warte leichter Anstieg, dann steile Kehren hinab nach Altenberg zur Adolf-Lorenz-Gasse und auf der Wiener Straße nach rechts zum Bahnhof Greifenstein zurück.

Besonderheiten in der Umgebung

Hagenbachklamm bei St. Andrä vor dem Hagenthale

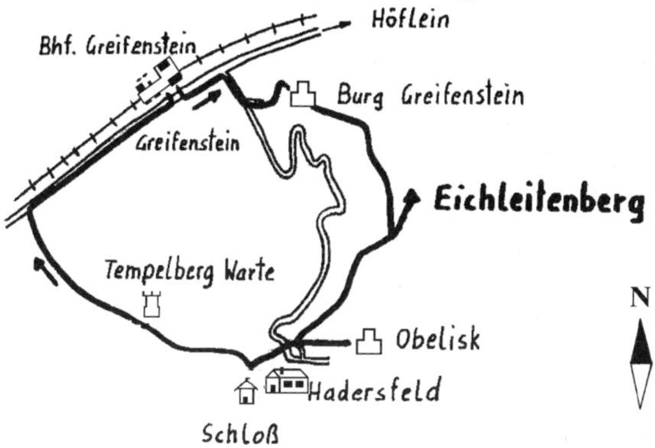

4 KAHLENBERG

Gehzeit: 1 Std. /

Abwechslungsreiche Wanderung auf den berühmten Aussichtsberg der Wiener

Alter: ab 3 Jahre

Ausgangspunkt: Gasthaus Josefinenhütte an der Höhenstraße zwischen Kahlenberg und Leopoldsberg

Busverbindung: Linie 38 A der Wiener Städtischen Verkehrsbetriebe bis Haltestelle Josefinenhütte

Wegverlauf: Parkplatz Josefinenhütte (420 m) – Eiserne Hand – Kahlenberg (483 m) – Stefanie-Warte – Josefinenhütte

Stützpunkt: Gasthaus Josefinenhütte

Was allen Spaß macht:
- Spielplatz bei Josefinenhütte
- Aussichtswarte

Karten: Freytag & Berndt, Wienerwald-Atlas, 1:50 000

Der Kahlenberg ist der berühmte Aussichtsberg der Wiener. An klaren Tagen sieht man von hier bis zum Leithagebirge und zum Schneeberg. Auch für Kinder bietet er viel Interessantes. Schon am Ausgangspunkt verleitet ein Spielplatz zum längeren Verweilen. Dann geht es weiter auf einem breiten Waldweg mit schönen Ausblicken auf die Donau. Am Kahlenberggipfel hat man von der Aussichtsterrasse des Restaurants – das aber wahrscheinlich bald abgerissen wird – einen großartigen Blick auf Wien und auf die umliegenden Wienerwaldberge.
Dieser Gipfel ist aber nicht nur wegen seiner schönen Aussicht so berühmt. Am 12. September 1683 soll von hier aus das Entsatzheer aufgebrochen sein, um das von den Türken belagerte Wien zu befreien. Oder war es vom benachbarten Leopoldsberg aus? Ganz einig sind sich die Historiker da nicht, jedenfalls hängt sowohl in der Kirche auf dem Kahlenberg als auch in jener auf dem Leopoldsberg eine Gedenktafel – sicher ist sicher!
Im vorigen Jahrhundert brachte eine Zahnradbahn die Erholungsuchenden auf den Gipfel. Sie verkehrte bis 1922 vom Bahnhof Nußdorf aus, und noch heute kann man an manchen Stellen die Trasse erkennen.
Wir wandern weiter zur nahen Stefanie-Warte (22 m hoch) neben dem hohen Sendemast des ORF (165 m hoch). Der Sender ist so-

mit um 28 m höher als der Stephansturm. Die Stefanie-Warte ist von Mai–Okt. an Samstagen von 12–18 Uhr, an Sonn- und Feiertagen von 9–18 Uhr geöffnet. Von der Warte aus ist man bald wieder beim Ausgangspunkt.
Der Ausgangspunkt läßt sich auch gut mit öffentlichen Verkehrsmitteln erreichen. Die Autobuslinie 38A hält direkt bei der Josefinenhütte (verkehrt vom 3. Nov.–25. März nur an Sonn- und Feiertagen, sonst täglich).

Wegverlauf

Ausgangspunkt ist der Parkplatz Josefinenhütte an der Höhenstraße zwischen Kahlenberg und Leopoldsberg. Man überquert die große Wiese neben der Hütte an ihrem linken Rand und stößt an ihrem Ende auf die rote Markierung. Hier nach rechts auf den breiten Waldweg, der fast eben zu einer Wegkreuzung bei einem Weingarten führt. Nun wendet man sich nach rechts (blaue Markierung), geht an einem Haus vorbei (Eiserne Hand) und gelangt bald auf eine asphaltierte Straße. Auf dieser nach rechts (blau bezeichnet, Tafel) und mäßig ansteigend zum Restaurant Kahlenberg. Hier zweigt die rote Markierung zur Stefanie-Warte und zum Sender ab, den man in 5 Min. erreicht. Weiter auf der roten Markierung zu einer kleinen Brücke über die Höhenstraße. Diese überquert man, danach wendet man sich sofort nach rechts (nicht der Markierung folgend!), bis nach 100 m ein breiter unbezeichneter Weg nach links in den Wald abzweigt. Diesem folgt man bergab und kommt nach 10 Min. auf die blaue Markierung. Hier nun nach rechts und in wenigen Minuten zurück zum Parkplatz.

Besonderheiten in der Umgebung

Kirche am Leopoldsberg

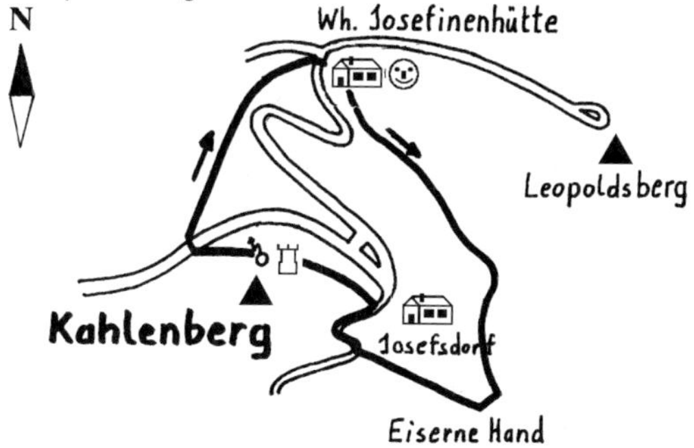

5 HERMANNSKOGEL

Gehzeit: 1 Std. /

Zur Aussichtswarte auf dem höchsten Berg von Wien

Alter: ab 3 Jahre

Ausgangspunkt: Grüß-di-a-Gott-Wirt an der Wiener Höhenstraße

Busverbindung: Bundesbus von Wien-Neuwaldegg nach Tulln bis Haltestelle Grüß-di-a-Gott-Wirt

Wegverlauf: Grüß-di-a-Gott-Wirt (360 m) – Jägerwiese – Hermannskogel (542 m), Habsburgwarte – Grüß-di-a-Gott-Wirt

Stützpunkt: Gasthaus Jägerwiese

Was allen Spaß macht:
- große Wiesen mit Spielplätzen
- Tiergehege beim Gasthaus Jägerwiese
- Aussichtswarte am Hermannskogel

Karten: Freytag & Berndt, Wienerwald-Atlas, 1:50 000

542 m hoch ist der höchste Berg von Wien, 27 m Höhe mißt die Habsburgwarte auf seinem Gipfel, und von ihrer Plattform aus lassen sich angeblich 22.452 km^2 überblicken (das entspräche immerhin einem Viertel der österreichischen Staatsfläche).
Der Hermannskogel war immer schon ein vielbesuchter Berg. Zahlreiche Sagen erzählen, daß in seinen Wäldern Feen, verwunschene Ritter und andere Geister hausen sollen. Dem Agnesbründl schreibt man sogar eine wunderbare Wirkung zu: In seinen Wassern soll man die richtigen Lottozahlen erkennen können. Wir besuchen diese Quelle auf unserer Wanderung zwar nicht direkt, doch kann man vom Gasthaus Jägerwiese einen kurzen „Abstecher“ dorthin unternehmen. Man sollte dann aber unbedingt Papier und Bleistift zum Schreiben mitnehmen, um die entdeckten Ziffern auch richtig notieren zu können. Natürlich braucht man, um diese glücksbringenden Hinweise im Schlamm der Quelle entziffern zu können, übersinnliche Kräfte.
Gleich zu Beginn überquert man eine große Wiese mit Wippschaukel; bald gelangt man zum Gasthaus auf der Jägerwiese, gut geeignet zum Rasten und Spielen. In einem Tiergehege befinden sich einige Esel. Der Weiterweg führt durch schönen Buchenwald, und bald gelangt man zur Warte auf dem Gipfel. Zahlreiche Sen-

deanlagen haben dieses Bauwerk aus dem Jahr 1888 allerdings nicht gerade verschönert.

Wegverlauf

Ausgangspunkt ist der Grüß-di-a-Gott-Wirt an der Wiener Höhenstraße. Man folgt der grünen Markierung bis zum oberen Rand der Rohrer-Wiese, wo die grüne Markierung geradeaus in den Wald weiterführt. Wir gehen jedoch auf dem rot markierten Weg am oberen Rand der Wiese entlang Richtung Wirtshaus Jägerwiese. Das Gasthaus liegt am Rande einer großen Wiese mit Spielplatz und Tiergehege (von hier Abzweigung zum Agnesbründl). Nun am besten wieder auf demselben Weg ein Stück zurück bis zur Abzweigung der gelben Markierung, die zum Hermannskogel führt. Auf schönem Waldweg am Kamm entlang zum Gipfel mit seiner Aussichtswarte. Abstieg auf der grünen Markierung zuerst am Kamm entlang nach Westen, dann steil durch den Wald hinab zurück zum Ausgangspunkt.

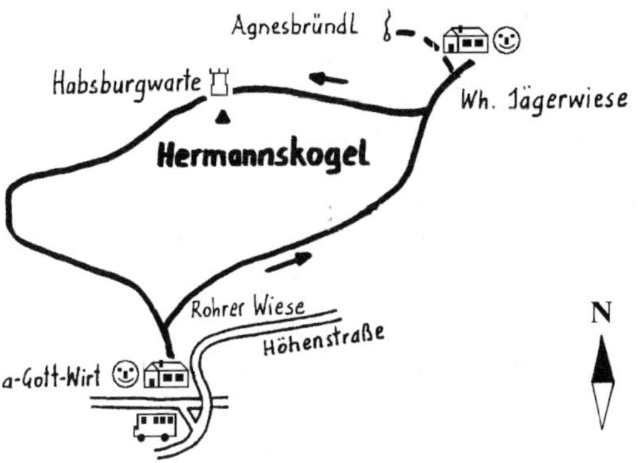

Die Aussichtswarte auf dem Hermannskogel dient auch als Sender (To

Spielplatz im Naturpark Sandstein (Tour 6)

Im Lainzer Tiergarten (Tour 7)

6 NATURPARK SANDSTEIN

Gehzeit: 2 Std. /

Streichelzoo, Spielplätze, Wildgehege und Aussichtswarte

Alter: ab 4 Jahre

Ausgangspunkt: Haltestelle Purkersdorf-Gablitz

Bahnverbindung: Schnellbahn bis Haltestelle Purkersdorf-Gablitz

→ *Wegverlauf:* Haltestelle Purkersdorf-Gablitz (248 m) – Streichelzoo – Naturlehrpfad – Wildgehege – Rudolfshöhe (475 m) – Haltestelle Purkersdorf

Stützpunkt: Gasthof Klugmayr
Gasthaus Moder in der Nähe des Wienerwaldhauses

Was allen Spaß macht:
- Streichelzoo
- Spielplätze mit großen Holztieren
- Aussichtswarte

Karten: Freytag & Berndt, Wienerwald-Atlas, 1:50 000

In der Nähe von Purkersdorf wurde der Naturpark „Sandstein-Wienerwald“ eingerichtet, in dem sich unter anderem ein Streichelzoo mit Pferden, Ziegen und Eseln befindet. Die Namen der Tiere werden an jedem Gehege genannt.
Auf einer großen Lagerwiese mit Grillplätzen gibt es auch einen schönen Spielplatz mit aus Baumstämmen angefertigten Tieren. Auf der großen Holzgiraffe können mehrere Kinder gleichzeitig reiten, ein hölzernes Pferd zieht einen kleinen Wagen – und wer ist eigentlich schon einmal auf einem Schwein geritten?
Weiter geht es auf dem Naturlehrpfad entlang der Wien bis zu dem Gasthaus Klugmayr und zu den Wildgehegen mit Rehen und Wildschweinen. Von einem kleinen Aussichtsbalkon kann man die Wildschweine gut beobachten, wenn man sich einmal an ihren eigentümlichen Geruch gewöhnt hat. Auch hier lockt wieder ein kleiner Spielplatz; diesmal gibt es sogar einen hölzernen Zug und ein Kegelspiel. Im Wienerwaldhaus erfährt man angeblich Interessantes über den Wienerwald (es sollte in den Sommermonaten an Sonn- und Feiertagen geöffnet sein, als wir es besuchen wollten, war es auch an einem dieser Tage geschlossen).
Die Wanderung führt uns dann weiter auf einem Geologielehrpfad, der uns die Besonderheiten des Wienerwaldgesteins zeigt, zur Aussichtswarte auf der Rudolfshöhe. Man kann nach dem Besuch der Warte noch das Schöffeldenkmal besuchen und auf rot mar-

kiertem Weg zum Streichelzoo zurückkehren, oder man folgt dem kürzeren Weg durch einen Graben zum Ausgangspunkt.

Wegverlauf

Ausgangspunkt ist die Schnellbahnstation Purkersdorf-Gablitz. Man überquert die Brücke über den Wienfluß, gelangt zum Parkplatz des Naturparks (hier auf Tafel Übersichtskarte des Naturparks). Von hier auf einer großen Holzbrücke über die Tullnerbachstraße zu der großen Lagerwiese mit dem Streichelzoo. Entlang der Wiese folgt man nun dem gut bezeichneten Weg am Ufer des Wienflusses (Naturlehrpfad) und erreicht nach 30 Min. das Gasthaus Klugmayr und kurz danach die Wildgehege. Hier den Wegweisern folgend, auf dem Geologielehrpfad bis zu einer Unterstandshütte. Nun zweigt nach rechts der Weg zur Rudolfshöhe mit der 28 m hohen Warte ab, die man in 15 Min. erreicht. Auf dem gleichen Weg geht es zurück zur Unterstandshütte. Man kann nun die Runde über das Schöffeldenkmal, das dem Retter des Wienerwalds gewidmet ist, fortsetzen, oder man wendet sich nach rechts und folgt dem kürzeren Weg durch einen Graben zurück zur Lagerwiese.

Besonderheiten in der Umgebung

- Heimatmuseum im Rathaus Purkersdorf
- geheiztes Freibad in Purkersdorf

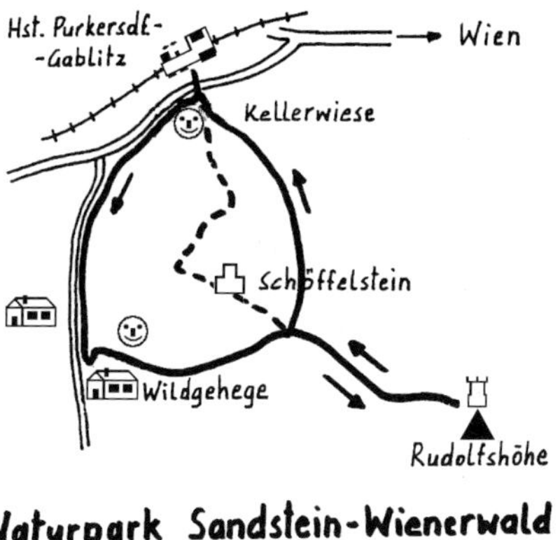

Naturpark Sandstein-Wienerwald

7 LAINZER TIERGARTEN

Gehzeit: 1 Std. /

Tiergehege, Spielplätze und ein Jagdschloß

Alter: ab 0 Jahre
Ausgangspunkt: Lainzer Tor im 13. Wiener Gemeindebezirk
Busverbindung: Linie 60 B (Dr. Richard) bis Haltestelle Lainzer Tor
Wegverlauf: Lainzer Tor des Lainzer Tiergartens – Hermesvilla – Waldlehrpfad – Lainzer Tor
Stützpunkt: Restaurant in der Hermesvilla
Was allen Spaß macht:
- Tiergehege
- romantische Hermesvilla
- Spielplatz

Karten: Feytag & Berndt, Wienerwald-Atlas, 1:50 000

Für diese Wanderung muß man noch gar nicht selbständig laufen können, denn breite, oft sogar asphaltierte Wege führen durch diesen ummauerten Teil des Wienerwalds und sind mit dem Kinderwagen gut befahrbar.
Das Gebiet des Lainzer Tiergartens war bereits seit dem 13. Jh. das Jagdgebiet für die in Wien residierenden Herrscher. Anfangs jagten hier noch die Babenberger, später die Habsburger.
1782 wurde um dieses Waldgebiet eine 24,2 km lange und 2,5 m hohe Mauer errichtet, um Wilderer von diesen kaiserlichen Jagdgründen abzuhalten. Nestroy nannte sie einmal das „Kind der chinesischen Mauer“, soll sie doch auch 91 Ecken haben. Sieben Eingänge führen in diesen Tiergarten, davon sind sechs von November bis April geschlossen, nur das Lainzer Tor, in der Nähe der Hermesvilla, ist ganzjährig geöffnet.
Die Hermesvilla wurde 1887 als Jagdschloß für Kaiserin Elisabeth errichtet. Heute wird sie oft für Ausstellungen genützt.
Seit 1919 ist der Lainzer Tiergarten für jedermann zugänglich. In „freier“ Wildbahn“ kann man vor allem Wildschweine und Rotwild antreffen, in Gehegen sind Wildpferde, Wisente, Mufflons und Damwild zu sehen.
In der Nähe des Lainzer Tors gibt es auch einen großen Teich, der sich im Winter, wenn er gut zugefroren ist, vorzüglich zum Eislaufen eignet.
Auch ein großer Spielplatz und einige Wildgehege befinden sich hier.
Die romantische Hermesvilla ist ebenfalls faszinierend für Kinder,

da man sie sich gut als Märchenschloß vorstellen kann. Ein informativer Waldlehrpfad mit großen Schautafeln beendet unsere Runde.
Eine Menge markierter Wege ermöglicht aber auch noch viele andere Wanderungen in diesem Tierpark. So hat man von der Baderwiese aus den schönsten Blick auf Wien, und von der Habsburgwarte (541 m) auf dem Kaltbründlberg genießen wir die beste Fernsicht. Mehrere Gasthäuser sorgen für das leibliche Wohl der Wanderer.

Wegverlauf

Ausgangspunkt ist das Lainzer Tor im 13. Wiener Gemeindebezirk, am Ende der Hermesstraße. Hier ist auch die Endstation der Buslinie 60B. Der Weg führt nun geradeaus am Spielplatz und an Wildgehegen vorbei. Bald kommt man zum großen Teich. Hier immer geradeaus weiter bis zu einer kleinen Wegkreuzung. Auf dem asphaltierten Weg nach rechts bis zur Hermesvilla. Durch ihr Areal hindurch und über eine kleine Brücke nach rechts in den Wald. Nun entlang des Waldlehrpfades zurück zum Lainzer Tor.

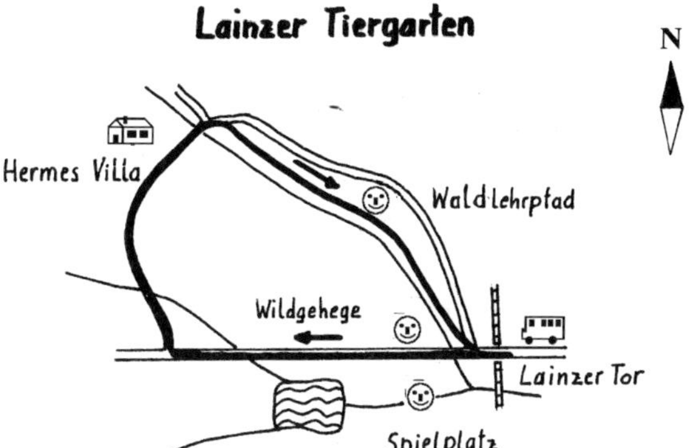

8 WIENQUELLE

Gehzeit: 1 Std. /

Schöne Wiesen und eine bedeutende Quelle

Alter: ab 4 Jahre

Ausgangspunkt: Abzweigung der roten Markierung an der Straße über den Jochgrabenberg von Pressbaum nach Hochstraß

Der Ausgangspunkt ist mit öffentlichen Verkehrsmitteln nicht erreichbar

Wegverlauf: Abzweigung rote Markierung (550 m) – Kaiserbründl – Gasthaus Pfalzberg (500 m) – Ausgangspunkt

Stützpunkt: Gasthaus Pfalzberg

Was allen Spaß macht:
- gemauerte Quellfassung
- große Wiesen

Karten: Freytag & Berndt, Wienerwald-Atlas, 1:50 000

Das Kaiserbründl, so wird eine Quelle der Wien genannt, jenes Flusses, der 33 km lang ist und die Stadt Wien durchfließt. Er mündet schließlich bei der Urania in den Donaukanal. Tatsache ist, daß dieser Fluß nicht nur von einer einzigen, sondern von insgesamt 124 Quellen gespeist wird. Das Kaiserbründl wurde im vorigen Jahrhundert dazu auserwählt, die „offizielle" Wienquelle zu sein: Man baute eine schöne steinerne Quellfassung mit einer Marmortafel, auf der auch zu lesen ist, daß Kaiserin Elisabeth am 23. April 1884 diesen romantischen Ort besucht hat. Idyllisch ist dieser Teil des Wienerwalds heute immer noch, obwohl hier in unmittelbarer Nähe einige Straßen vorbeiführen.

Der Weg verläuft zuerst durch Mischwald am Hang entlang, an der Quelle vorbei und später direkt auf dem Kamm („über viele Wurzeln läßt es sich hier purzeln"). Bald kommt man zu einer großen Wiese mit schönem Blick auf die umliegenden Wienerwaldberge. Von hier ist es nicht mehr weit bis zum Gasthaus Pfalzberg, auf einem großen Wiesensattel gelegen. Leider führt auch von Pressbaum eine Straße herauf, man sollte diese aber nicht mit dem Auto benützen, da sie mitten durch den Wald, im letzten Stück unasphaltiert, führt. Die Waldschäden im Wienerwald nehmen ohnehin stark zu, wir müssen nicht auch noch dazu beitragen.

Nur wenige Höhenmeter sind bei dieser Wanderung zu bewältigen, so daß auch schon kleinere Kinder dieser Tour gewachsen sind.

Wegverlauf

Ausgangspunkt ist die Abzweigung der roten Markierung an der Jochgrabenstraße in einer Kurve, knapp unterhalb des höchsten Punktes der Straße. Hier Tafel: Kaiserbründl. Man folgt dem schmalen Waldweg bis zum Kaiserbründl. Nun immer entlang der roten Markierung, bis man zu einer großen Wiese kommt. An deren oberem Rand auf breitem Weg weiter bis zum Wiesensattel am Pfalzberg.
Der Rückweg führt zurück auf der roten Markierung bis zur Abzweigung zur Wienquelle. Hier gehen wir nach links und kommen knapp oberhalb des Ausgangspunktes wieder auf die Straße.

Besonderheiten in der Umgebung

- Heimatmuseum in Pressbaum, geöffnet am 1. und 3. So. im Monat von 10–12 Uhr
- geheiztes Freibad in Pressbaum

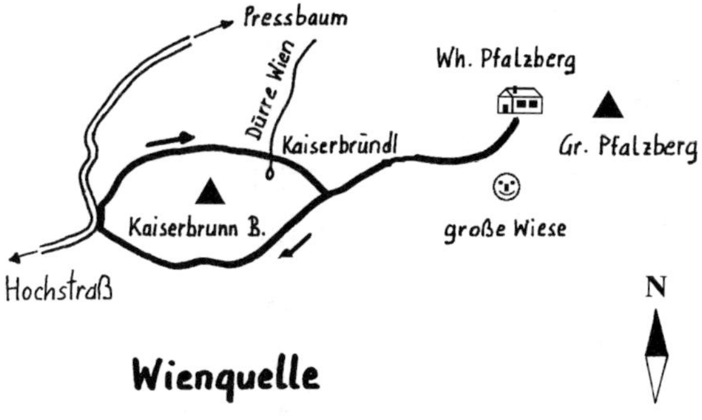

9 HIMMELSWIESE – PAPPELTEICH

Gehzeit: 1,5 Std. /

Zu Wiesen, Kaulquappen und vielem mehr

Alter: ab 2 Jahre

Ausgangspunkt: Kalksburg, im 23. Wiener Gemeindebezirk

Busverbindung: Bundesbus von Wien-Liesing nach Laab im Wald bis Haltestelle Kalksburg-Kirchenplatz

➜ *Wegverlauf:* Kalksburg (260 m) – Himmelswiese (341 m) – Gasthaus Schießstätte – Pappelteich (290 m) – Kalksburg

Stützpunkt: Gasthaus Schießstätte

Was allen Spaß macht:
- schöne Wiesen
- Waldlehrpfad
- Pappelteich mit Spielplatz

Karten: Freytag & Berndt, Wienerwald-Atlas, 1:50 000

Kalksburg ist ein Teil des 23. Wiener Gemeindebezirks, am südwestlichen Stadtrand gelegen. Ein Teil des Wienerwalds gehört hier bereits zum Stadtgebiet.
Unsere Wanderung führt uns auf eine geradezu himmlische Wiese für städtische Verhältnisse. Nicht ganz 100 m über dem Stadtgebiet liegt das Naturdenkmal Himmelswiese. Ein fast schon alpiner Steig führt von Kalksburg aus auf diese große Wiesenfläche: Auf und neben dem schmalen Weg gibt es immer wieder kleine Felsen im schönen Föhrenwald, eine Kehre folgt hier der anderen – einen solchen Anstieg hätte man mitten in Wien nicht erwartet. Diese vielen Serpentinen und die kleinen felsigen Hindernisse machen den Weg auch schon für sehr kleine Kinder interessant; oben auf der Wiese gibt es einige Rastbänke und viel Platz zum Spielen. Auf einer Schautafel sind die hier vorkommenden Pflanzen erklärt. So liest man hier über den Artenreichtum der Trockenwiesen und erfährt Wissenswertes über den so seltenen Flaumeichen-Buschwald.
Den Abschluß der Wanderung bildet der Pappelteich. Im Frühjahr tummeln sich in diesem künstlich angelegten Teich eine Menge Kaulquappen. Eine große Informationstafel erklärt die Entwicklung der Kaulquappe bis zum Frosch bzw. Lurch. Vor vielen Jahren konnte man hier im Sommer sogar noch baden, heute ist das unvorstellbar, zu viele Wasserpflanzen wuchern in dem seichten Wasser.

Wegverlauf

Ausgangspunkt ist an der Straße „In der Klausen“ (sie zweigt am

Kirchenplatz in Kalksburg nach Norden ab) kurz vor dem Ende der Straße.
Hier beginnt ein breiter Waldweg, der nach rechts bergauf in den Wald führt (Schranken, Wegweiser: Mauer). Nun leicht bergauf, bis nach rechts ein unmarkierter Weg abzweigt, und auf diesem zur Himmelswiese (15 Min.). Man überquert die erste Wiese, geht durch ein kurzes Waldstück und kommt auf eine zweite große Wiese. Jetzt bis zu einem Jägerstand und einer Schautafel. Von hier nun im Wald bis zu einer Wegkreuzung, bei der man sich nach links wendet, und weiter bis zu dem Parkplatz beim Pappelteich. Man kann hier nun die Runde verkürzen (wobei man auf den kurzen Abstecher zum Spielplatz beim Pappelteich nicht verzichten sollte) und man auf der Forsstraße bergab wandert. Bei einer Weggabelung geht man auf dem linken Weg weiter und erreicht bald wieder den Ausgangspunkt. (Gesamtgehzeit für diese Runde 45 Min.)
Möchte man aber eine größere Wanderung unternehmen, so folgt man ab dem Parkplatz dem Wegweiser zum Gasthaus Schießstätte. Von dort gehen wir zuerst ein Stück denselben Weg zurück, bei der ersten großen Wegkreuzung (kurz nach der Drasche-Eiche) allerdings nach rechts, und nach 200 m bei einer weiteren Kreuzung nach links. So erreichen wir die große Wiese in der Nähe des Pappelteichs. Hier nach links zum Pappelteich und Spielplatz und weiter zum Parkplatz. Von hier kehren wir, wie oben beschrieben, zum Ausgangspunkt zurück.

BESONDERHEITEN IN DER UMGEBUNG

Wotruba-Kirche auf dem St. Georgen-Berg

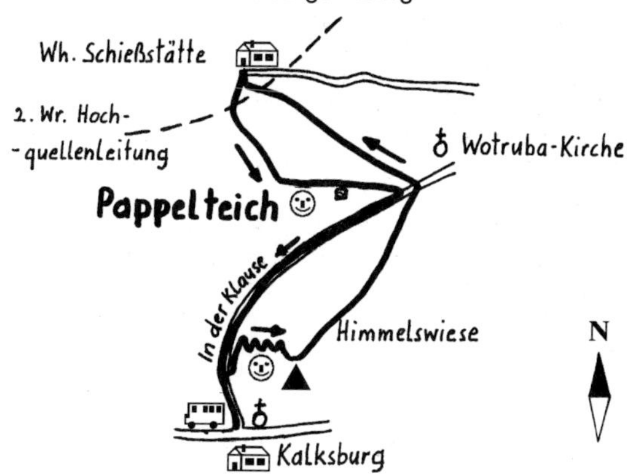

10 FÖHRENBERGE – PARAPLUIBERG

Gehzeit: 2 Std. /

Über die Perchtoldsdorfer Heide zur Kammersteiner Hütte

Alter: ab 4 Jahre

Ausgangspunkt: Rodaun, im 23. Wiener Gemeindebezirk

Busverbindung: Bundesbus von Wien-Liesing nach Kaltenleutgeben bis Haltestelle Sonnbergstraße

Wegverlauf: Lutterwand (345 m) – Perchtoldsdorfer Heide – Parapluiberg, Franz-Ferdinand-Schutzhaus (530 m) – Hinterer Föhrenberg, Kammersteiner Hütte (582 m) – Perchtoldsdorfer Heide – Lutterwand

Stützpunkt: Franz-Ferdinand-Schutzhaus (530 m), privat; Kammersteiner Hütte (572 m), ÖAV/Sektion Liesing-Perchtoldsdorf

Was allen Spaß macht:
- Kleine Felsen zum Klettern
- Perchtoldsdorfer Heide mit vielen Zieseln
- Spielplatz unterhalb des Franz-Ferdinand-Schutzhauses
- Aussichtswarte neben der Kammersteiner Hütte

Karten: Freytag & Berndt, Wienerwald-Atlas, 1:50 000

Unmittelbar am Rand von Wien befindet sich das große Erholungs- und Naturschutzgebiet der Föhrenberge. Die Perchtoldsdorfer Heide, am Fuß des Parapluibergs gelegen, ist eine große Wiese, zu allen Jahreszeiten ideal geeignet zum Spielen, im Winter zum Rodeln und im Frühling und Herbst zum Drachensteigenlassen.
Entstanden ist diese große Wiesenfläche durch Abholzung und starke Beweidung während der letzten Jahrhunderte. Durch die überwiegende Südlage dieses Gebiets entstand ein magerer Trockenrasen, der aber gerade den Reiz dieser Landschaft ausmacht. Eine weitere Besonderheit bietet die Perchtoldsdorfer Heide: Viele kleine Ziesel bevölkern diese große Wiese. Diese Nagetiere gehören leider zu den gefährdeten Tierarten. Sie sind hauptsächlich Pflanzenfresser und leben in unterirdischen Bauen, an deren Ein- und Ausgängen man sie oft beobachten kann. Eine Tafel am Südrand der Heide informiert genau über ihre Lebensweise.
Den Namen „Föhrenberge“ verdankt dieses Gebiet den hier vorkommenden Schwarzföhren.

Wegverlauf

Ausgangspunkt ist die Bushaltestelle „Sonnbergstraße“ an der Kaltenleutgeberstraße. Man überquert hier die Bahnschienen und wendet sich nach 50 m nach rechts in die Waldmühlgasse. 200 m weiter zweigt nach links ein breiter Weg ab (Schranken). Auf diesem geradeaus bergauf, bis man zum Fuß einer 20 m hohen Felswand, der Lutterwand, gelangt (ehemaliger Steinbruch).
Geradeaus weiter mäßig steil bergauf bis man eine kleine Wiese erreicht. Hier wendet man sich scharf nach links, steil auf den Abhang der Perchtoldsdorfer Heide hinauf. Jetzt wendet man sich nach rechts zu einer am Waldrand stehenden Rastbank, bei der ein grün markierter Weg in den Wald hineinführt. Diesem folgend zum Franz-Ferdinand-Schutzhaus. Von hier geradeaus weiter auf die Höhenstraße. Auf dieser nach rechts bis zur Abzweigung zur Kammersteiner Hütte und zu dieser hinauf. Der Abstieg zurück erfolgt über die Höhenstraße, wobei man nicht zum Franz-Ferdinand-Schutzhaus abzweigt, sondern auf der Straße bis zu einer großen Rechtskurve geht. Hier kann man die Forststraße abkürzen (blaue Markierung). Bald stößt man wieder auf die Forststraße, und auf dieser weiter zur Perchtoldsdorfer Heide. Am linken Wiesenrand hinab, bis ein Weg nach links in den Föhrenwald abzweigt. Auf diesem zur Lutterwand und von dort zurück zum Ausgangspunkt.

Besonderheiten in der Umgebung

- Ruine Kammerstein, oberhalb der Straße nach Kaltenleutgeben
- Türken- und Heimatmuseum in Perchtoldsdorf, Marktplatz 10, geöffnet: Ostern–Nov., Sa, So und an Feiertagen von 10–17 Uhr
- Hallenbad und Freibad im Erholungszentrum Perchtoldsdorf

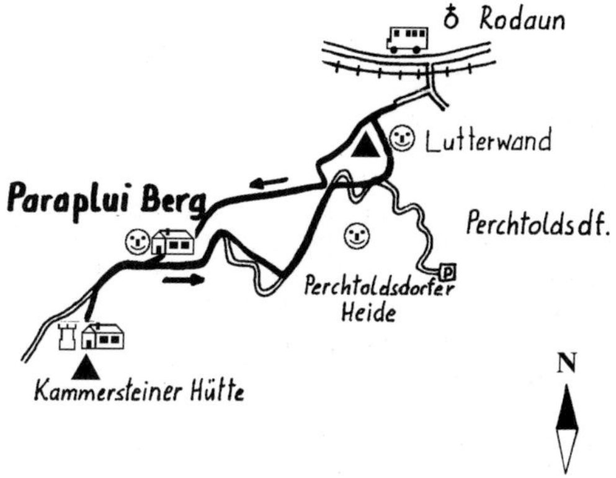

Seerosen im Pappelteich (Tour 9)

Sonnenaufgang über der Perchtoldsdorfer Heide (Tour 10)

Schwarzer Turm bei Mödling (Tour 11)

Am großen Teich in Laxenburg (Tour 14)

11 BURG LIECHTENSTEIN – SCHWARZER TURM

Gehzeit: 1,5 Std. /

Echte und unechte Burgen und Ruinen

Alter: ab 4 Jahre

Ausgangspunkt: Parkplatz beim Schloß Liechtenstein

Busverbindung: Bundesbus von Mödling-Bahnhof nach Gießhübl bis Haltestelle Maria Enzersdorf-Siedlungsstraße

➜ *Wegverlauf:* Parkplatz Schloß Liechtenstein – Burg Liechtenstein – Mödling, Schwarzer Turm – Ruine Pfefferbüchsel – Kalenderweg – Parkplatz

Stützpunkt: Gasthaus auf dem Mödlinger Cobenzel

Was allen Spaß macht:
- Burg Liechtenstein
- Amphitheater
- Burgruinen
- große Wiese mit Spielplatz

Karten: Freytag & Berndt, Wienerwald-Atlas, 1:50 000

Eine imposante Burg, ein Schloß, ein Amphitheater, kleine Ruinen, einfache Kletterstellen und eine herrliche Aussicht in die Hinterbrühl und ins Wiener Becken bis zum Leithagebirge bietet uns diese Rundwanderung am Südrand Wiens. Die Burg Liechtenstein wurde im 12. Jh. errichtet, dann im Laufe der Jahrhunderte zerstört und ab 1873 von Fürst Johann I. von Liechtenstein wieder aufgebaut. Heute ist die Burg mit Burgmauer, Wohnturm und Burgverlies von Anfang Mai bis Mitte Oktober tägl. außer Montag von 9–17 Uhr zu besichtigen. In unmittelbarer Nähe befindet sich das Schloß Liechtenstein, das heute ein Restaurant beherbergt.
Vorbei an einem schönen Spielplatz führt der Weg zum Kolosseum, das 1810 als künstliche Ruine eines Amphitheaters entstand. Große steinerne Torbögen, Stiegen und Turmgemäuer sind hier zu bewundern. Oberhalb von Mödling steht der „Schwarze Turm", ebenfalls eine künstliche Ruine. Ein Aussichtsweg, der sogar mit einem Drahtseilgeländer abgesichert ist, führt zu den Mauerresten des Pfefferbüchsels. Auch dieses Bauwerk ist eigentlich jünger als es aussieht (es wurde 1818 erbaut); jener Johann I. fand eben großen Gefallen an romantischen, halbverfallenen Burgruinen. Diese künstlichen Ruinen entsprachen dem damaligen Zeitgeist und durften daher in den fürstlichen Jagdrevieren nicht fehlen.

Ein breiter Wanderweg führt uns vorbei an schönen Wiesen zurück zum Ausgangspunkt.

Wegverlauf

Vom Parkplatz auf einem asphaltierten Weg zur Burg und zum Schloß Liechtenstein und geradeaus zu einem großen Kinderspielplatz. Dem Weg weiter folgend kommt man zu einer Kreuzung, wobei man den rechten Weg (Wegweiser: Mödling, Schwarzer Turm) wählt. Nun auf schönem Weg den Hang entlang, bis man an die Abzweigung zum Amphitheater kommt, das man in wenigen Minuten erreicht. Nach diesem Abstecher weiter auf dem Weg bis zur Anton-Wildgans-Gasse in Mödling. 100 m vor der Kirche zweigt nach rechts ein Weg ab. Diesem folgt man bis zu einer kleinen Aussichtskanzel. Hier nach rechts über kleine Felsstufen wieder hinauf in den Wald. Nun auf dem Weg weiter bis zu den Mauerresten einer künstlichen Ruine. Hier am Kamm bis zum Schwarzen Turm. Gleich nach dem Turm nach links auf der grünen Markierung zu einem herrlichen Aussichtsweg. Man erreicht nun bald wieder den Hauptweg, der zur Ruine Pfefferbüchsel führt. Nun folgt man dem breiten Weg in Richtung Burg Liechtenstein, vorbei an einer großen Wiese mit Rastbänken. Den Wegweisern folgen wir zurück zum Ausgangspunkt.

Besonderheiten in der Umgebung

- Pfarrkirche und spätromanischer Karner in Mödling
- Seegrotte in der Hinterbrühl, ganzjährig geöffnet, tägl. 9–15 Uhr, im Sommer bis 17 Uhr

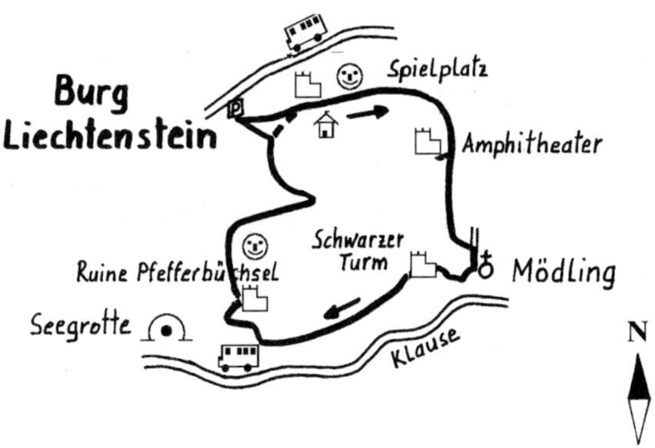

12 NATURPARK SPARBACH

Gehzeit: 1,5 Std. /

Wildschweinsuche im Wienerwald

Alter: ab 3 Jahre
Ausgangspunkt: Sparbach
Busverbindung: Bundesbus von Mödling nach Gruberau bis Haltestelle Sparbach-Tiergartensiedlung
➜ *Wegverlauf:* Eingang Naturpark Sparbach (350 m) – Mühle – Ruine Johannstein (420 m) – Ruine Köhlerhütte (571 m) – Dianatempel (500 m) – Ruine Johannstein – Spielplatz – Eingang Naturpark
Stützpunkt: Imbisse beim Eingang des Naturparks
Was allen Spaß macht:
- großer Spielplatz
- Burgen und Ruinen
- Wildschweine

Karten: Freytag & Berndt, Wienerwald-Atlas, 1:50 000

Der heutige Sparbacher Naturpark war bereits in den vorigen Jahrhunderten ein beliebtes Jagdrevier für die adeligen Besitzer. Fürst Johann I. von Liechtenstein veränderte dann im vorigen Jahrhundert diese Wälder nach seinen Vorstellungen. Er ließ fruchtbare Erde anschütten, Bäume einsetzen und – wie schon im Bereich der Burg Liechtenstein – künstliche, romantische Ruinen (Ruine Köhlerhütte, Dianatempel) errichten. Wo sich der heutige Eingang zu dem Naturpark befindet, lag früher die Ruine Schnepfenstein. Die Ruine Johannstein, ein Stück weiter auf einem Felskopf gelegen, stammt aus dem Mittelalter, wenn auch der Name jüngeren Datums ist. Heute kann man noch ein Spitzbogentor und Reste von zum Teil in Fels gehauenen Räumen sehen. Sie wurde bereits im 12. Jh. erbaut, während der Türkenkriege zerstört und schließlich unter Fürst Johann I. renoviert.
Die Köhlerhütte besteht aus einem gemauerten Turm, den man über eine breite Freitreppe ersteigen kann. Von oben hat man einen schönen Blick auf die umgebenden Wienerwaldberge bis hin zum Schneeberg.
In diesem Naturpark gibt es aber nicht nur ältere und jüngere Mauerreste, sondern auch eine große Anzahl Wildschweine, Esel, Mufflons und Rehe.
Weitere Attraktionen für Kinder sind in diesem Naturpark der große Teich mit vielen Wildenten, eine alte Mühle mit einem großen Was-

serrad und der Spielplatz. Hier gibt es eine Menge Spielgeräte und sogar eine „Seilbahn".
Die Wege in diesem Naturpark sind alle gut bezeichnet, beim Eingang erhält man ein Informationsheft mit skizzierten Rundwanderwegen und Wissenswertem über den Park (ganzjährig geöffnet von 9–18 Uhr).

Wegverlauf

Vom Eingang folgen wir dem breiten Fürstenweg bis zum Eselgehege. Hier nach rechts über eine kleine Brücke und weiter auf dem Hubertusweg. Nach 5 Min. erreichen wir die Mühle mit dem großen Wasserrad. Der Weg führt nun weiter, vorbei am Teich und an der Hubertuskapelle bis zur Kreuzung mit dem Fürstenweg. Jetzt nach rechts und auf dem breiten Waldweg bis zur Ruine Johannstein. Ab hier folgen wir dem anfangs steil ansteigenden Dianaweg bis zur großen Dianawiese. Bei dieser nach links und auf dem Köhlersteig bis zur Köhlerhütte. Nach Besichtigung der Ruine weiter auf dem Köhlersteig, bis wir abermals zu einer Wegkreuzung mit dem breiten Fürstenweg gelangen. Hier nach rechts, bergab, dem Fürstenweg folgend, über die Dianawiese mit dem Dianatempel und weiter zur Ruine Johannstein. Der Fürstenweg führt nun weiter zur Hubertusquelle und zum Spielplatz. Der Weg zurück zum Eingang führt vorbei an den Wildgehegen und dem großen Teich.

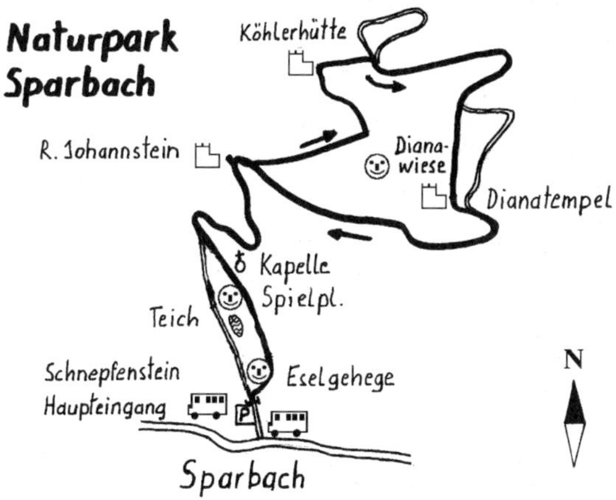

13 ANNINGER

Gehzeit: 2 Std. /

Rodelüberschreitung eines berühmten Wienerwaldberges

Alter: ab 3 Jahre

Ausgangspunkt: Bahnhof Gumpoldskirchen

Bahnverbindung: Schnellbahn bis Haltestelle Gumpoldskirchen

Wegverlauf: Gumpoldskirchen (210 m) – Kalenderweg – Anninger Schutzhütte (650 m) – Forststraße Richtung Mödling – Bushaltestelle – Schillerstraße

Stützpunkt: Anninger Schutzhütte, TVN, ganzjährig bewirtschaftet, außer Juli

Was allen Spaß macht: Rodelabfahrt über die Forststraße

Karten: Freytag & Berndt, Wienerwald-Atlas, 1:50 000 ÖK 50, Bl. 58

Rodeln macht Kindern jeden Alters Freude. Warum daher nicht einmal Wandern und Rodeln verbinden?

Der Anninger bietet sich für so ein Unternehmen geradezu an: Der Ausgangspunkt Gumpoldskirchen ist im Winter gut mit öffentlichen Verkehrsmitteln zu erreichen. Zuerst wandert man durch den Ort. Hier gibt es bereits die ersten interessanten Dinge zu entdecken: Auf dem Platz vor dem Rathaus steht eine eigenartig geformte Säule – ein alter Pranger? Ja, aber ursprünglich diente diese Säule den Römern an der Straße von Vindobona nach Carnuntum als Meilenstein. Irgendwann kam dann diese Säule nach Gumpoldskirchen, wo sie im 16. Jh. als Pranger verwendet wurde, später unter den Arkaden des Rathauses gelagert und 1891 auf ihrem heutigen Platz aufgestellt wurde. Eine weitere Besonderheit ist der schöne Kreuzweg am Beginn unseres Aufstiegs.

Der Weg im verschneiten Wald ist abwechslungsreich und nicht zu lang. Wird er kleineren Kindern dennoch zu beschwerlich, so können sie sich ja auf die Rodel setzen und sich von ihren kräftigen Eltern bergauf ziehen lassen. In der Anninger Schutzhütte, die auch im Winter bewirtschaftet ist, kann man sich dann aufwärmen und stärken.

Für die Abfahrt über die breite Forststraße braucht man kein Rodelprofi zu sein. Vorbei an der „Breiten Föhre“, die wohl schon über 450 Jahre alt ist, erreicht man, bei ausreichender Schneelage, zügig den bekannten Wienerwaldort Mödling.

Wegverlauf

Von der Bahnstation Gumpoldskirchen entlang der Wiener Straße bis zur großen Deutschordenskirche (15 Min.). Hier nach links, vorbei an der Befestigungsmauer, zum Beginn des Kalvarienberges. Die Stufen hinauf, bis man einen breiten Weg kreuzt. Jetzt nach links und auf der roten Markierung bis zu einer Wegkreuzung inmitten der Weinberge. Nun nach rechts und der grünen Markierung, dem Kalenderweg, folgend. Anfangs durch Weingärten, dann bei einer Tafel nach links in den Wald und nun immer mäßig steil bis zur Anninger Schutzhütte (1 Std. ab Gumpoldskirchen).

Die Rodelabfahrt führt auf der Forststraße bis zur „Breiten Föhre", einer mächtigen, schon leicht altersschwachen Föhre. Von hier nun die Forststraße noch ein Stück weiter, bis man eine andere Forststraße kreuzt. Auf dieser nach rechts und weiter bis an ihr Ende. Hier erreicht man einen grün markierten, breiten Wanderweg; diesem folgt man nach links und zieht die Rodel bis zum Parkplatz „Goldene Stiege". Nun die Zufahrtsstraße bergab, bis man zur Schillerstraße gelangt. Hier befindet sich rechts von der Ampel die Bushaltestelle.

Besonderheiten in der Umgebung

- Deutschordenskirche in Gumpoldskirchen
- Richtfunkstation des ORF in Nähe des Anninger Schutzhauses
- im Sommer: Jubiläumswarte in der Nähe des Anninger Schutzhauses Wilhelmswarte auf dem Gipfel des Anningers

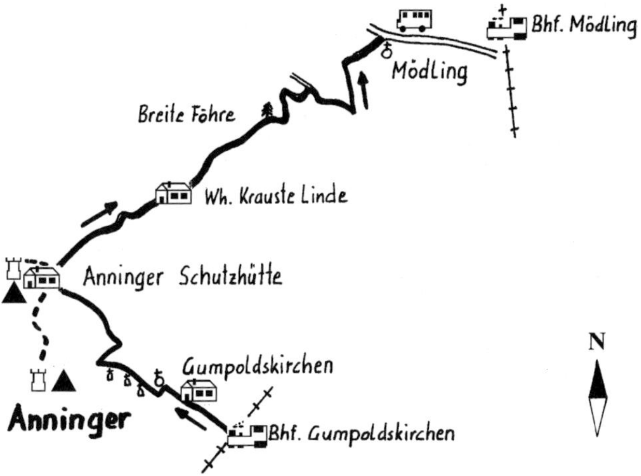

14 LAXENBURG

Gehzeit: 1 Std. /

Großer Schloßpark mit vielen Attraktionen

Alter: ab 0 Jahre

Ausgangspunkt: Schloß Laxenburg, Parkeingang

Busverbindung: Bundesbus ab Wien-Südtiroler Platz bis Haltestelle Laxenburg – Franz-Josefs-Platz
Bundesbus ab Mödling-Bahnhof bis Haltestelle Laxenburg – Franz-Josefs-Platz

Wegverlauf: Parkeingang – Teich – Franzensburg – Turnierplatz – Lagerwiese – Spielplatz – Altes Schloß – Eingang

Stützpunkt: Restaurant in der Franzensburg

Was allen Spaß macht:
- Radfahrmöglichkeit im Park für Kinder bis 6 Jahre
- Schloßteich mit Ruder- und Elektrobooten
- Fähre zur Franzensburg
- Franzensburg
- großer Spielplatz

Karten: ÖK 50, Bl. 7

Der Schloßpark des Schlosses Laxenburg südlich von Wien bietet Kindern viel Interessantes und Spannendes. Die Wege sind zwar großteils asphaltiert, doch dürfen sie von Kindern bis 6 Jahren mit dem Fahrrad befahren werden. Auch für Kinderwagerln gibt es hier keine größeren Hindernisse. Viele Wiesen, die auch als Lagerwiesen gekennzeichnet sind, darf man betreten und darauf spielen.

Auf dem Schloßteich vor der Franzensburg gibt es sogar einen Bootsverleih für Ruder-, Elektro- und Tretboote. Im Sommer bringt uns eine Fähre zur Burg, in der sich auch ein Restaurant befindet. Die Räume der Burg einschließlich des Verlieses kann man während einer Führung besichtigen (geöffnet: Ostern bis Oktober, tägl. von 8–18 Uhr). Im Sommer finden im Burghof Theateraufführungen statt.

Weitere Besonderheiten sind der Turnierplatz, der aber nur zu Veranstaltungen geöffnet ist, die künstliche Grotte und der große Spielplatz in der Nähe des Eingangs. Hier findet man zahlreiche Spielgeräte und Sandkisten und für die müden Erwachsenen Holzliegestühle. Ideal zum Entspannen!

Das Alte Schloß war ursprünglich im 14. Jh. ein Wasserschloß, die anderen Gebäude sind viel jüngeren Datums. Das Neue Schloß wurde unter Maria Theresia erbaut, die Franzensburg sowie die

Gestaltung des Parks entstanden unter Franz II. (1798–1801). Bauteile und Einrichtung der Burg stammen aus österreichischen Burgen, Schlössern und Klöstern (Klosterneuburg, Greillenstein usw.). Die Teiche und Kanäle werden aus dem Wasser der Schwechat gespeist.
Dieser Schloßpark gehört zwar nicht mehr zu den Wiener Hausbergen, er eignet sich aber durchaus für einen lohnenden Ausflug mit Kindern.

Wegverlauf

Ausgangspunkt ist der Eingang in den Schloßpark. Gleich nach dem Eingang wendet man sich auf dem großen Hauptweg nach links bis zu einer Weggabelung. Hier geht man auf dem linken Weg bis zum Schloßteich. Jetzt wieder nach links zur Fähre und mit dieser zur Franzensburg. Durch den Burghof hindurch und rechts weiter über eine große Steinbrücke. Nun nach rechts bis zum Turnierplatz. An dessen Ende wieder nach rechts, vorbei an der künstlichen Grotte und wieder über eine Brücke zurück zum Schloßteich. Hier gehen wir wieder in Richtung Eingang und kommen nach 200 m zu einer Weggabelung. Wir wandern auf dem linken Weg bis zur Abzweigung zum Spielplatz und weiter zum Alten Schloß in der Nähe des Parkeinganges.

Besonderheiten in der Umgebung

- Erholungszentrum in Laxenburg mit Campingplatz und Freibad
- Österreichisches Filmarchiv im Alten Schloß: Hier werden alte Filme gezeigt

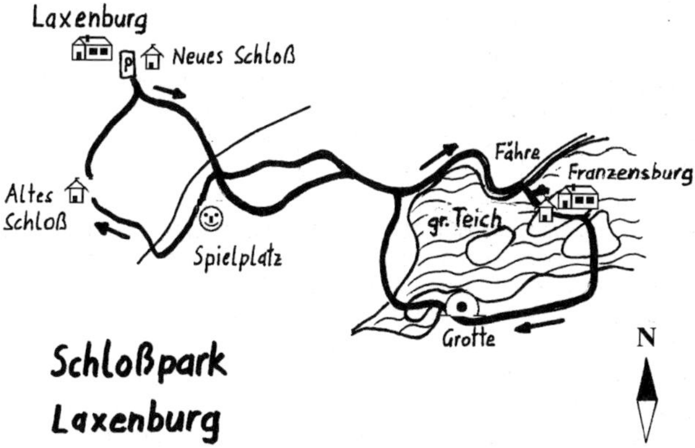

15 PFAFFSTÄTTNER KOGEL *Gehzeit:* 1 Std./

Höhle und Warte über den Weinbergen

Alter: ab 3 Jahre

Ausgangspunkt: Einöde-Parkplatz an der Straße von Pfaffstätten nach Gaaden

Bahnverbindung: Schnellbahn bis Haltestelle Pfaffstätten

→ *Wegverlauf:* Einöde (280 m) – Rudolf-Proksch-Hütte (541 m) – Kleines Kiental – Einödhöhlen (340 m) – Einöde

Stützpunkt: Rudolf-Proksch-Hütte, ÖAV/Sektion ÖGV, am Gipfel des Pfaffstättner Kogels, ganzjährig bewirtschaftet

Was allen Spaß macht:
- Aussichtswarte bei der Hütte
- Einödhöhlen
- Spielplatz und Rastplatz bei der Waldwiese

Karten: Freytag & Berndt, Wienerwald-Atlas, 1:50 000

Der Pfaffstättnerkogel ist eigentlich ein Ausläufer des um 130 m höheren Anningers. Er bietet aber eine Reihe von Attraktionen, die ihn gerade für Familien mit Kindern sehr interessant machen. Von einigen Leuten wird er deshalb sogar „Tschapperl-Anninger" genannt. Der Aufstieg von der Einöde aus ist nicht sehr lang und wird auch schon von weniger ausdauernden Bergsteigern bewältigt. Der Weg führt immer gut markiert und mit Wegweisern beschildert durch schönen Föhrenwald; so manch seltene Pflanze kann man hier entdecken. Auch die wärmeliebenden Blindschleichen scheinen sich hier wohl zu fühlen.
Auf dem Gipfel kann eine 10 m hohe Aussichtswarte bestiegen werden, die Klesheimwarte. Sie wurde 1914 von der Sektion Österr. Gebirgsverein erbaut und ist nach dem Dichter Anton Freiherr von Klesheim (1812–1884) benannt. Von oben hat man eine herrliche Aussicht nach allen Himmelsrichtungen.
Der Abstieg führt an den beiden „Brandungshöhlen", den Einödhöhlen, vorbei. Es sind dies die Fledermaus- und die Elfenhöhle. Die neuesten Forschungen bezweifeln aber, daß jene Höhlen wirklich von einem jungtertiären Meer stammen. Eine große Informationstafel beim Eingang der Fledermaushöhle beschreibt Wissenswertes über Zoologie und Botanik und zeigt auch die Höhlenpläne der beiden Höhlen. Bei einer Begehung sollte man aber unbedingt zwei unabhängige, gut funktionierende Taschenlampen mitneh-

men. Abschließen kann man diese Wanderung auf dem kleinen Rast- und Spielplatz auf der Waldwiese kurz vor Erreichen des Ausgangspunkts.

Wegverlauf

Ausgangspunkt ist die Abzweigung der blauen Markierung (im Wienerwald-Atlas als rote und grüne Markierung eingezeichnet!) an der Straße von Pfaffstätten nach Gaaden, in der Einöde, kurz nach einem Wildgehege (Rot- und Muffelwild). Man folgt der Markierung, bis man bald eine große Wegkreuzung erreicht. Hier nach rechts, „durch die Hölle", blau bezeichnet, steil durch Föhrenwald bergauf. In der Folge kommt man noch zu weiteren Wegkreuzungen, folgt aber immer der blauen Markierung in Richtung Pfaffstättner Kogel und erreicht nach 35 Min. den Gipfel.
Der Abstieg durch das Kleine Kiental folgt der roten Markierung (Tafel: Pfaffstätten, Einödhöhlen, unmittelbar an der Hauswand der Hütte). Der Weg führt steil bergab, und man erreicht nach 20 Min. die Abzweigung zu den Einödhöhlen (Tafel). Von hier auf fast ebenem Waldweg in 5 Min. zu den Eingängen der Höhlen. Nach Besichtigung wieder zurück zur Abzweigung und in weiteren 5 Min. zu der Wegkreuzung am Beginn unserer Wanderung. Hält man sich hier nun nach rechts, so erreicht man nach wenigen Metern einen schönen Rast- und Spielplatz.
Diese Wanderung läßt sich auch gut vom Bahnhof Pfaffstätten durchführen, verlängert sich dadurch aber um 1,5 Std.

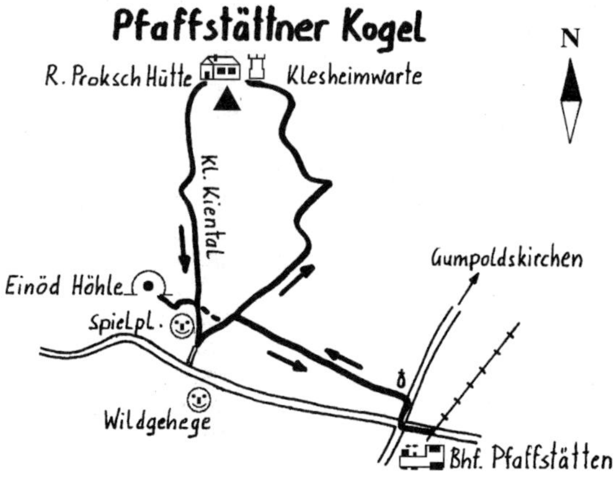

Blick aus der Einödhöhle (Tour 15)

Die Eingänge der Einödhöhle (Tour 15)

Peilsteinwände (Tour 17)

16 ALLANDER TROPFSTEINHÖHLE

Gehzeit: 1 Std./

Kleine, aber sehr interessante Tropfsteinhöhle

Alter: ab 4 Jahre
Ausgangspunkt: Alland
Busverbindung: Bundesbus von Wien-Südtiroler Platz bis Alland, Haltestelle Alland-Hauptplatz
Wegverlauf: Alland (331 m) – Tropfsteinhöhle – Steinbruch – Alland
Stützpunkt: Gasthöfe in Alland
Was allen Spaß macht: interessante Tropfsteinhöhle
Karten: Freytag & Berndt, Wienerwald-Atlas, 1:50 000

Diese Tour eignet sich besonders als Halbtagesunternehmung oder als Schlechtwettertour. Der Anstieg zur Höhle ist kurz und abwechslungsreich: Am Hang entlang führt der Weg, zum Teil mit Geländer, zum Eingang empor. Kurz vor dem Höhleneingang zweigt ein kurzer Abstecher zu einem schönen Aussichtsplatz mit Rastbank ab. Die Höhle selbst ist 177 m lang und weist eine Höhendifferenz von 25 m auf. Im Rahmen einer Führung kann man die schönen Tropfsteine und ein 10.000 Jahre altes Braunbärenskelett besichtigen. Die Bildung dieser Tropfsteine ist nur deshalb möglich, weil der Buchberg aus Kalkgestein besteht, im Gegensatz zum sogenannten Sandstein-Wienerwald (Alland liegt an der geologischen Grenze zwischen Sandstein- und Kalksteinzone). Wenn Regenwasser durch eine Humusschicht sickert, so wird es mit verschiedenen Säuren angereichert, die den Kalk lösen. Tritt das Wasser in der Höhle wieder an die Oberfläche, bilden sich Ablagerungen in Form von Tropfsteinen und Sinterbildungen. Ausmaß und Intensität der Tropfsteinbildung sind eng mit dem Klima der Außenwelt verbunden. Viele dieser Stalaktiten und Stalagmiten sind Zehntausende von Jahren alt.
Der Buchberg ist aber auch aus prähistorischer Zeit interessant. Hier wurden Funde aus der Urnenfelderkultur gemacht, jener Kultur, die zwischen dem 13. und 8. Jh. v. Chr. in weiten Teilen Europas angesiedelt und charakteristisch für die ausgehende Bronzezeit war. Einige Fundstücke sind im Kassahäuschen beim Eingang der Höhle zu sehen.
Nach dem Besuch der Höhle kann man noch zu dem nahegelege-

nen Steinbruch oder noch weiter zu den großen Wiesen rund um Alland wandern.
Geöffnet ist die Höhle von April bis Oktober samstags, sonn- und feiertags in der Zeit von 9–17 Uhr. In den Monaten Juli und August auch an Wochentagen von 15–16.30 Uhr. Warme Kleidung und feste Schuhe (einige Eisenleitern in der Höhle!) sind unbedingt anzuraten.

Wegverlauf

Ausgangspunkt ist der Parkplatz der Tropfsteinhöhle an der Nordseite des Buchbergs. Man folgt dem Wegweiser zur Höhle vom Parkplatz nach links und erreicht nach 5 Min. deren Eingang. Kurz davor zweigt nach rechts ein Weg zum „Allandblick" ab, einem schönen Aussichtspunkt.
Nach der Höhlenbesichtigung auf demselben Weg zurück zum Parkplatz. Nun kann man auf einer Forststraße (Buchbergstraße) je nach Lust und Laune entweder zum Steinbruch wandern oder weiter zu den großen Wiesen zwischen Alland und Groisbach (Allander Wanderweg Nr. 8, ziemlich verwachsen, schlecht markiert).

Besonderheiten in der Umgebung

- Stift Heiligenkreuz
- Schloß und Gedächtnisstätte in Mayerling
- Kirchenruine auf dem Pankraziberg bei Nöstach

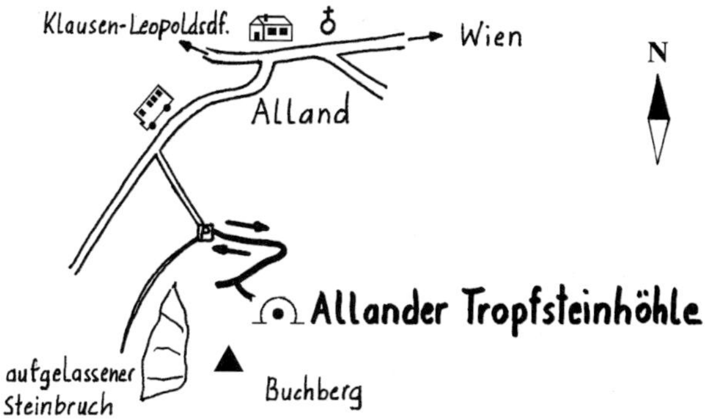

17 PEILSTEIN

Gehzeit: 1 Std./

Zum traditionsreichsten Klettergarten der Wiener

Alter: ab 3 Jahre

Ausgangspunkt: Schwarzensee im südlichen Wienerwald

Busverbindung: Bundesbus von Wien-Südtiroler Platz bis Raisenmarkt

Wegverlauf: Schwarzensee (530 m) – Peilsteinhaus (710 m) – Peilsteinhütte (620 m) – Schwarzensee

Stützpunkt: Peilsteinhaus, ÖAV/Sektion ÖGV, ganzjährig bewirtschaftet, auf dem Gebiet des Peilsteins
Peilsteinhütte, TVN, auf der Neubauer Wiese

Was allen Spaß macht:
- Spielplätze beim Peilsteinhaus und bei der Peilsteinhütte
- viele Kletterer in den Peilsteinwänden

Karten: Freytag & Berndt, Wienerwald-Atlas, 1:50 000

Der Peilstein ist der bekannteste „Klettergarten" der Wiener. So mancher berühmte Wiener Bergsteiger machte hier seine ersten Kletterversuche. So zum Beispiel Fritz Kasparek, einer der Erstbegeher der Eiger-Nordwand, der hierher von Freunden im Anschluß an die Tanzstunde mitgenommen wurde. Seine erste Klettertour unternahm er daher sehr elegant in Anzug und Krawatte – und fand anscheinend Gefallen daran.
Durch die bis zu 80 m hohen Felsabstürze führen zahlreiche Durchstiege aller Schwierigkeitsgrade. Beobachten kann man die Kletterer vom oberen Rand der Felswände aus, den man vom Peilsteinhaus auf gemütlichem Wanderweg leicht erreicht. Die beiden Schutzhütten, Peilsteinhaus und Peilsteinhütte, befinden sich auf großen Wiesen mit einladenden Spielplätzen. An schönen Tagen herrscht hier ein buntes Treiben von Wanderern und Kletterern.
Das Peilsteinhaus auf dem Gipfel des Peilsteins errreicht man über einen kurzen, mäßig steilen Anstieg, der bereits von jüngeren Kindern bewältigt werden kann. Oben auf der Wiese läßt es sich dann so richtig umhertollen oder einfach nur faulenzen.

Wegverlauf

Ausgangspunkt ist der große Parkplatz in Schwarzensee am Fuße des Peilsteins. Man folgt zuerst der asphaltierten Straße bis zum

Ende der Häuser. Nach 5 Min. zweigt in einer Linkskurve ein schmaler Waldweg ab (hier Wegweiser, grün bezeichnet). Auf diesem steil bergauf, bis man nach weiteren 10 Min. die Forststraße wieder erreicht. Diese wird gerade überquert, und, immer dem Weg folgend, geht es nun nur mehr mäßig steil bergauf. Bald kommt man wieder auf die Forststraße knapp unterhalb des Peilsteinhauses und auf dieser weiter bis zur Hütte. Zum oberen Rand der Felsen gelangt man, indem man dem breiten Waldweg nach links von der Hütte aus in den Wald folgt. Hier, vorbei an der kleinen Bergrettungshütte, in 5 Min. zu den Felsen.
Der Abstieg erfolgt auf der Forststraße, entlang von Weideflächen, bis zur Peilsteinhütte. An dieser vorbei, immer der Forststraße folgend, zurück zum Ausgangspunkt.
Benützer der öffentlichen Verkehrsmittel fahren mit dem Bundesbus bis Raisenmarkt und folgen dann der roten Markierung über die Arnstein-Höhle und die Ruine Arnstein bis zum Peilsteinhaus auf dem Gipfel des Peilsteins. Der Abstieg erfolgt auf demselben Weg zurück nach Raisenmarkt (2,5 Std.).

Besonderheiten in der Umgebung

- Kirchenruine auf dem Pankraziberg bei Nöstach
- Wallfahrtskirche auf dem Hafnerberg

18 RAUHENECK – KÖNIGSHÖHLE *Gehzeit:* 1,5 Std. /

Raubritterburg über dem Helenental

Alter: ab 4 Jahre

Ausgangspunkt: Kapelle St. Helena im Helenental

Busverbindung: Stadtverkehr Baden der Wiener Lokalbahnen von Baden-Bahnhof bis Haltestelle Rauhenstein

Wegverlauf: St. Helena (245 m) – Ruine Rauheneck (363 m) – Königshöhle – St. Helena

Stützpunkt: keiner

Was allen Spaß macht:
- Ruine Rauheneck
- Königshöhle

Karten: Freytag & Berndt, Wienerwald-Atlas, 1:50 000

Am Eingang des Helenentals bei Baden stehen sich zwei Ruinen gegenüber. Im 12. Jh. wurden sie wahrscheinlich von den Babenbergern erbaut, Raubritter unternahmen von hier aus Raubzüge. Die Burgen wurden wiederholt zerstört und wieder aufgebaut.
Rauheneck, die linke der beiden Burgen (von Baden aus gesehen), wurde 1529 endgültig von den Türken verwüstet und verfällt seitdem. Charakteristikum der Ruine ist der dreieckige, 25 m hohe, aus 3 m starken Mauern bestehende Bergfried, der auf einem schmalen, nach drei Seiten steil abfallenden Felsen steht. Heute sind dieser ungewöhnliche Hauptturm und die Kapelle noch zu sehen.
Rauhenstein heißt die Burg auf der gegenüberliegenden Talseite. Auch sie wurde immer wieder von Raubrittern bewohnt und auch des öfteren zerstört und wieder aufgebaut. Die Schuld an ihrem endgültigen Verfall trägt aber jene Gebäudesteuer des 18. Jh., derentwegen so viele Burgen abgedacht und dem Verfall preisgegeben wurden. Diese Steuer wurde nämlich nach der Anzahl der Dächer einer Burg berechnet. Viele Besitzer konnten sich diese Abgaben nicht mehr leisten und deckten daher ihre Burgen ab. Um Burg Rauhenstein rankt sich auch die Sage um die Tochter des Heinrich de Ruhensteine: Sie versprach, sich nur jenem Mann zur Frau zu geben, der ihr als Kreuzritter das Nützlichste aus dem Heiligen Land bringen würde. Es war Walter von Merkenstein, auf den die Wahl fiel: Er brachte nicht nur ihr, sondern ganz Österreich den Safran.
Heute ist nur mehr der Bergfried erhalten, von dem man einen schönen Blick in die Umgebung hat.
Die Königshöhle am Fuß der Ruine Rauheneck wird von einem

20 m weiten Felsbogen gebildet; die Decke der Höhle ist schon lange eingestürzt.

Wegverlauf

Ausgangspunkt ist die Kapelle St. Helena im Helenental bei Baden. Von hier in südlicher Richtung auf roter Markierung zur Brücke über die Schwechat. Nach der Brücke folgt man der grünen Markierung nach links. Fünf Minuten später zweigt bei einem großen Haus die rote Markierung nach rechts zum Jägerhaus ab. Nach weiteren 10 Min. kommt man zu einer Wegkreuzung, bei der man nach links abbiegt (blau-weißer Pfeil, blau markiert). Ein schöner Waldweg führt am Hang entlang in wenigen Minuten zur Königshöhle. Von hier weiter der blauen Markierung folgend bis zur Ruine Rauheneck. Abstieg ins Helenental auf relativ steilem, aber gut angelegtem Weg (blau markiert). Man erreicht einen asphaltierten Weg und kurz darauf ein Marterl. Hier nach links entweder auf asphaltiertem Weg oder links daneben auf rot-grün markiertem Waldweg. Nach 5 Minuten trifft man auf das große Haus, bei dem die rote Markierung zum Jägerhaus abzweigt. Hier nun nach rechts zu einer Brücke über die Schwechat und anschließend, nach links, durch den Park (Wegweiser Ruine Rauhenstein). Kurz bevor wieder der Ausgangspunkt erreicht wird, kommt man an einer Wiese mit Kinderspielplatz vorbei.
Vom Ausgangspunkt aus kann man noch die Ruine Rauhenstein (10 Min.) besuchen (grün markiert).

Besonderheiten in der Umgebung
Kurstadt Baden

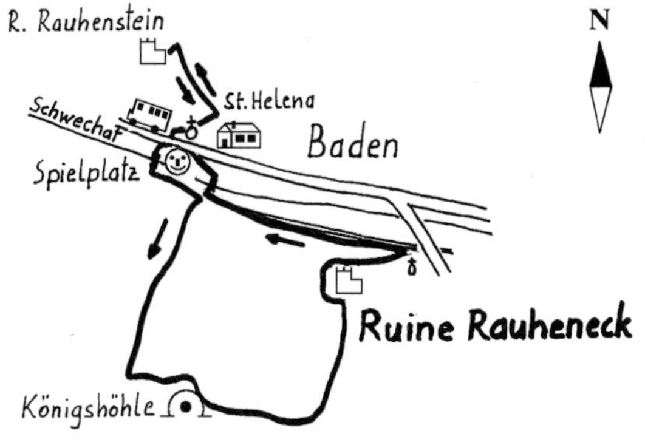

Ruine Rauhenstein bei Baden (Tour 18)

Der Beethovensteig auf dem Hohen Lindkogel (Tour 19)

Myrafälle bei Muggendorf (Tour 23)

Blick vom Hausstein zum Schneeberg (Tour 23)

19 HOHER LINDKOGEL *Gehzeit:* 3 Std. /

Ein „alpiner" Steig im Wienerwald – der „Beethovensteig"

Alter: ab 5 Jahre

Ausgangspunkt: Cholerakapelle im Helenental bei Baden/Wien

Busverbindung: Bundesbus von Baden-Bahnhof bis Haltestelle Cholerakapelle

Wegverlauf: Cholerakapelle – Beethovenstein (670 m) – Beethovensteig – Hoher Lindkogel, Eisernes Tor (834 m) – Brennersteig – Kalkgraben – Cholerakapelle

Stützpunkt: Schutzhaus Eisernes Tor am Hohen Lindkogel, ÖTK (834 m), ganzjährig bewirtschaftet

Was allen Spaß macht:
- unschwieriger Felsgrat im Wald
- Aussichtswarte auf dem Gipfel

Karten: Freytag & Berndt, Wienerwald-Atals, 1:50 000

Auf den Hohen Lindkogel, den zweithöchsten Berg des Wienerwalds, führt ein überraschend interessanter und abwechslungsreicher Steig.
Dieser verläuft auf einem Waldkamm mit zahlreichen kleinen Felstürmchen, die entweder leicht überklettert oder umgangen werden können.
Zwischendurch gibt es immer wieder schöne Ausblicke ins Helenental.
Ob Beethoven Erstbegeher dieses Steiges war, läßt sich zwar nicht mehr nachweisen, sicher ist aber, daß er lange Spaziergänge im Helenental unternahm. Der Beethovenstein, gleich am Beginn unserer Wanderung, war angeblich einer seiner Lieblingsplätze und erinnert an den großen Komponisten.
Ziel dieser Wanderung über den felsdurchsetzten Kamm ist das Schutzhaus „Eisernes Tor" mit seiner Aussichtswarte, von der man einen schönen Rundblick über den Wienerwald bis hin zu den südlichen Wiener Hausbergen hat. Der Name „Eisernes Tor" bezieht sich auf ein altes Heiligenbild, das hier an einem Baum in einem Kästchen mit kleiner Eisentür hing. Der Abstieg erfolgt über den Brennersteig, der sogar noch eine kleine Felsstufe mit einem Drahtseil bietet.

Wegverlauf

Man überquert die Schwechatbrücke beim Parkplatz des Gasthofs Cholerakapelle. Gleich danach wendet man sich nach rechts und wandert entlang des berühmten „Wegerls im Helenental" bis zum Beethovenstein. Vor dem Gedenkstein nach links 10 m (!) in Richtung Madergraben und dann rechts auf Steigspuren steil auf den Waldkamm. Der unmarkierte, aber gut ausgetretene Pfad ist nicht zu verfehlen, da er direkt auf dem Kamm verläuft. In der Folge erreicht man zahlreiche Felsen und Felstürme, die man entweder nach Belieben überklettern oder umgehen kann. Nach 250 Höhenmetern kommt man zur 1. Forststraße. Hier wendet man sich nach rechts, bis kurz darauf linker Hand ein Steig mäßig steil im Wald zur nächsten Forststraße leitet. Auf dieser nach rechts bis zur gelben Markierung, und dieser folgend bis zur Hütte auf dem Gipfel des Hohen Lindkogels. Der Abstieg führt entlang des Brennersteigs (rote Markierung) bis zur Abzweigung der grünen Markierung in den Kalkgraben, der zum Ausgangspunkt zurückführt.

Variante: Man kann diese Runde abkürzen, indem man sich bei der ersten Forststraße nach links wendet. Diese verfolgt man 1,5 km ($^1/_2$ Std.) bis zu einer scharfen Rechtskurve, wo ein Kamm mit einem unmarkierten Steig nach links abzweigt (östl. des Madergrabens). Dieser führt direkt zum Ausgangspunkt zurück ($^1/_2$ Std.).

Besonderheiten in der Umgebung

Cholerakapelle, errichtet 1831

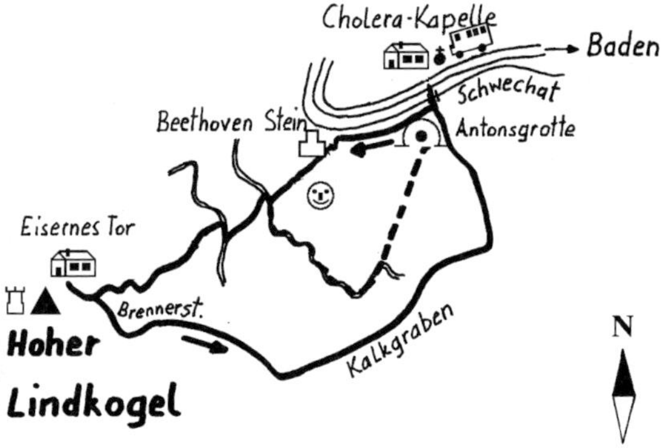

20 HOCHSTAFF

Gehzeit: 2,5 Std. /

Lohnender Voralpengipfel mit Gipfelkreuz und Gipfelbuch

Alter: ab 6 Jahre

Ausgangspunkt: Ebenwaldhöhe, oberhalb von Kleinzell

Die Ebenwaldhöhe ist mit öffentlichen Verkehrsmitteln leider nicht erreichbar

Wegverlauf: Ebenwaldhöhe (1046 m) – Kleinzeller Hinteralm (1012 m) – Hochstaff (1305 m) – Ebenwaldhöhe

Stützpunkt: Kleinzeller Hinteralm, im Sommer bewirtschaftet

Was allen Spaß macht:
- Gipfel mit Gipfelkreuz
- große Wiese bei Kleinzeller Hinteralm

Karten: Freytag & Berndt, Hausberge-Atlas, 1:50 000

Oberhalb der großen Hochfläche der Ebenwaldhöhe erhebt sich ein felsdurchsetzter Berg mit weithin sichtbarem Gipfelkreuz, der Hochstaff. Dieser Gipfel gehört sicherlich zu den formschönsten in den niederösterreichischen Voralpen. Seine Felsstufen sind aus hellem Dachsteinkalk aufgebaut, der schöne Farbkontraste zu den saftigen grünen Almwiesen bildet.
Im Winter ist er Ziel einer beliebten Schitour, im Sommer bietet er uns eine abwechslungsreiche Überschreitung. Es gibt hier zwar keinen markierten Weg auf den Gipfel, wir finden aber immer wieder Steinmänner, jene künstlich aufgeschichteten Steintürmchen, die uns den Weg weisen. Steigspuren und oft ein schon gut ausgetretener Pfad leiten uns zum höchsten Punkt. Aber gerade auch durch dieses Wegsuchen, dieses genaue Schauen und Beobachten, wird der Berg interessant. Einmal den eigenen Orientierungssinn zu üben und nicht immer nur breiten Wegen zu folgen, macht nicht nur Kindern Spaß.

Wegverlauf

Ausgangspunkt ist der große Parkplatz auf der Ebenwaldhöhe am Ende der Bergstraße. Man folgt dem Weg in Richtung Reisalpe (Tafel) auf der roten Markierung und gelangt bald zu einem Drehkreuz bei der Umzäunung des Graserhofes. Hier zweigt nach links der unmarkierte Weg auf den Hochstaff ab (Tafel). Diesem folgt man, die Viehweide überquerend, bis man rechts eine Einbuchtung

des Waldrandes erkennt. Jetzt zweigt nach rechts ein schmaler, aber deutlich erkennbarer Weg in den dichten Wald ab. Auf diesem Steig steil bergauf bis zu einem Wiesensattel. Hier über den Nordkamm entlang eines Zaunes zum Gipfelkreuz.
Der Abstieg führt über den Südkamm in Richtung Kleinzeller Hinteralm, vorbei an kleinen Felsstufen auf eine kleine Wiese. Diese überquert man, und nun nach links auf einem breiten Waldweg bis zu einem Steinmann. Hier sieht man schon die große Almfläche der Kleinzeller Hinteralm. Man steigt über die steile Wiese zu einer Forststraße ab und folgt dieser nach rechts bis zu einem großen Baum mit Wegweiser (die Almhütte befindet sich 5 Min. weiter in Richtung Reisalpe). Von hier wandert man auf der Forststraße weiter bis zum Graserhof und entlang der Umzäunung zurück zur Abzweigung auf den Hochstaff. Jetzt auf bereits bekanntem Weg zurück zum Ausgangspunkt.

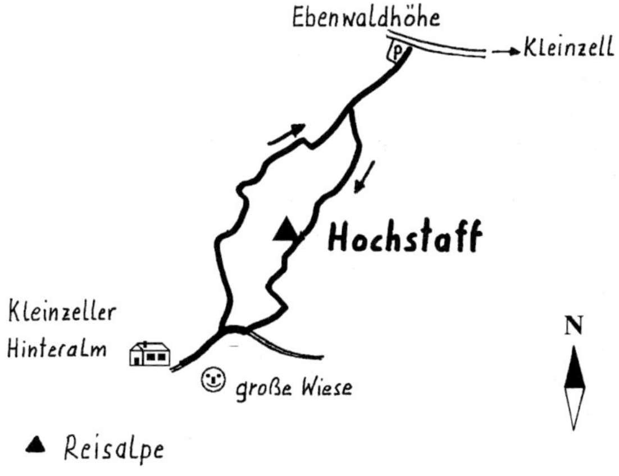

21 SYMPOSION BEI LINDABRUNN *Gehzeit:* 1 Std./

Moderne Skulpturen als Kinderspielplatz

Alter: ab 2 Jahre

Ausgangspunkt: Parkplatz zum Symposionsgelände an der Straße von Lindabrunn nach Hernstein

Wegverlauf: Symposionsgelände von Lindabrunn

Der Ausgangspunkt ist mit öffentlichen Verkehrsmitteln nur schlecht erreichbar

Stützpunkt: keiner

Was allen Spaß macht: moderne Skulpturen, die erklettert werden dürfen, auf einer großen Wiese

Karten: Freytag & Berndt, Hausberge-Atlas, 1:50 000

Diese „Wanderung" stellt sicherlich eine Besonderheit in diesem Wanderführer dar. Diesmal wollen wir keine Berge, Gipfel oder Höhlen erkunden, sondern moderne Gesteinsplastiken kennenlernen, erklettern, bewundern, deuten, fotografieren,...
An der Straße von Lindabrunn nach Aigen befinden sich, kurz nach dem Ortsende von Lindabrunn, auf einem großen Wiesengelände 50 bis 70 moderne Steinplastiken. Errichtet wurden diese Monumente während der letzten 30 Jahre und zwar im Rahmen internationaler Bildhauertreffen. Auf diesen Skulpturen in der Höhe von 2 bis etwa 5 m können Kinder herumturnen und klettern. So gibt es hier ein „Amphitheater" mit Treppen, Rampen, Steinblöcken und außerdem einen Grillplatz. Durch das „Sonnentor" kann man sich durchzwängen, über eine große „Steinraupe" balancieren und in einigen der Plastiken gemütlich Platz nehmen.
Das Gelände ist umgeben von schönem Föhrenwald, durch den ein schmaler Weg führt. Von hier sieht man gut auf den kleinen Steinbruch, aus dem diese Steinblöcke stammen. Auf einem Lagerplatz oberhalb des Steinbruchs liegen noch etliche unbehauene Steinklötze, auch die dürfen bestiegen werden.
1967 fand hier auf diesem Gelände das erste Bildhauertreffen statt; in den folgenden Jahren wurden diese Zusammenkünfte immer wieder abgehalten. Die Künstler treffen sich hier für zwei Monate (Juli und August) und versuchen gemeinsam ein Projekt zu verwirklichen. So wurden zum Beispiel im Jahr 1994 der Bereich zur Straße und der Parkplatz neu gestaltet. In den nächsten Jahren soll das Gelände im Rahmen der Symposien von den Künstlern neu

gestaltet werden, und es soll eine ständige Ausstellung über internationale Steingroßplastiken eingerichtet werden.

Wegverlauf

Das Symposionsgelände liegt an der Straße von Lindabrunn nach Hernstein. Kurz nach dem Ortsende von Lindabrunn steigt die Straße in Kehren an. Unmittelbar bevor sie in den Föhrenwald führt, befinden sich rechter Hand das Symposionsgelände und ein großer Parkplatz. Vom Parkplatz aus führt ein kleiner Waldweg durch den Föhrenwald bis zum oberen Rand des Steinbruchs und zurück zum Symposionsgelände.

Besonderheiten in der Umgebung

Schulmuseum in Berndorf

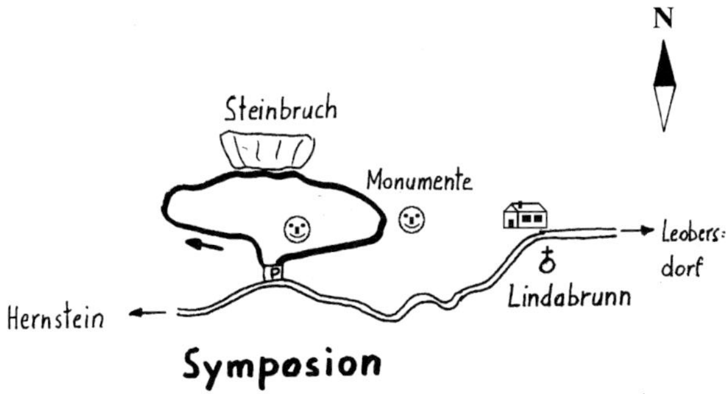

22 STEINWANDKLAMM

Gehzeit: 1 Std./

Enge, wildromantische Schlucht mit Stegen, Treppen und Leitern

Alter: ab 5 Jahre

Ausgangspunkt: Ende der Straße von Weißenbach/Triesting durch den Steinwandgraben, Parkplatz Steinwandklamm

Der Ausgangspunkt ist mit öffentlichen Verkehrsmitteln nicht erreichbar

Wegverlauf: Gasthaus am Beginn der Klamm (549 m) – Steinwandklamm – Türkenloch – Touristenheim Almesbrunnberg (690 m) – Wirtshaus Jagasitz (706 m) – Ausgangspunkt

Stützpunkt: Touristenheim Almesbrunnberg, ÖTK, Mitte Juni–Ende Sept. bewirtschaftet
Wirtshaus Jagasitz

Was allen Spaß macht:
- wilde Klamm
- kleine Durchgangshöhle
- große Wiesen

Karten: Freytag & Berndt, Hausberge-Atlas, 1:50 000

Die Steinwandklamm ist eine der wildesten Klammen in den Wiener Hausbergen. Zahlreiche Stege und Brücken führen über Schluchten, Holztreppen überwinden Felshindernisse. Besonders im Frühjahr, wenn genügend Wasser durch die engen Katarakte braust, wird diese Wanderung zu einem eindrucksvollen Erlebnis. Schon 1884 wurde die erste Steiganlage durch die Schlucht gebaut. An schönen Tagen mußte man längere Wartezeiten vor den Brücken und Treppen in Kauf nehmen. Auch heute gehört die Klamm an sonnigen Tagen nicht gerade zu den einsamsten Winkeln der Gutensteiner Alpen.

Am oberen Ende der Klamm befindet sich das Türkenloch, eine kleine Durchgangshöhle. Die Chronik berichtet, daß sich hier im Jahr 1683 die Landbevölkerung vor den Türken versteckte. Die Leute wurden aber entdeckt und getötet oder in die Gefangenschaft verschleppt.

Im Anschluß an die Klamm wandert man über schöne Wiesen zum Touristenheim Almesbrunnberg. Von hier führt der Weg zum Wirtshaus Jagasitz und wieder zurück zum Ausgangspunkt.

Wegverlauf

Ausgangspunkt ist das Gasthaus am Ende der Straße von Weißenbach durch den Steinwandgraben. Vom Parkplatz aus folgt man der blauen Markierung bis zum Kassahäuschen am Beginn der Klamm (geringe Gebühr). Nun auf Stegen, Holztreppen und Brücken durch die Klamm (die Abzweigung zu dem schwierigeren Rudolf-Decker-Steig lassen wir links liegen). Nach der Klamm auf der blauen Markierung nach links und bergauf zum Türkenloch. Durch dieses hindurch und immer der Markierung und den Wegweisern folgend zum Touristenheim Almesbrunnberg. Nun wieder auf blauer Markierung weiter über Wiesen zum Wirtshaus Jagasitz. Von hier auf gelber Markierung steil durch den Wald zurück zum Ausgangspunkt.

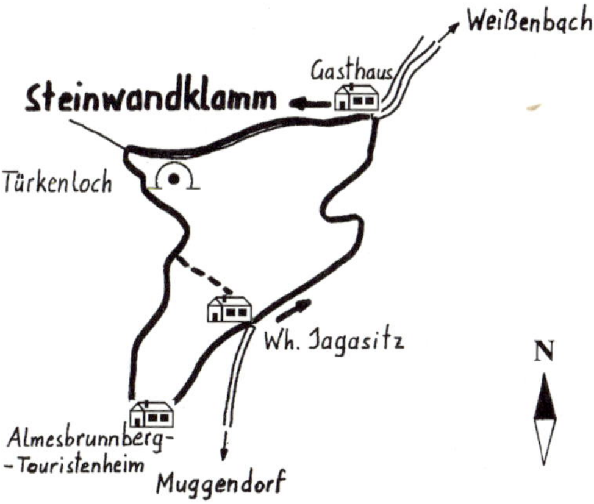

23 MYRAFÄLLE – HAUSSTEIN *Gehzeit:* 1,5 Std. /

Rauschende Wasserfälle und Steinzeitburg

Alter: ab 5 Jahre

Ausgangspunkt: Parkplatz Myrafälle am Ortsende von Muggendorf

Der Ausgangspunkt ist mit öffentlichen Verkehrsmitteln nicht erreichbar

→ *Wegverlauf:* Muggendorf (450 m) – Myrafälle – Karnerwirt – Hausstein (664 m) – Muggendorf

Stützpunkt: Gasthof Karnerwirt oberhalb der Myrafälle

Was allen Spaß macht:
- eindrucksvolle Klamm mit Holzbrücken, Stegen und Wasserfällen
- kleiner Stausee
- Gipfel mit Gipfelkreuz
- große Wiese

Karten: Freytag & Berndt, Hausberge-Atlas, 1:50 000

Die „Myrafälle" – das ist eine eindrucksvolle Klamm mit vielen Wasserfällen, ruhigen Tümpeln, Holzbrücken und Stegen. Diese Steiganlage wurde schon 1885 vom Österreichischen Touristenklub errichtet und sogar von Kaiserin Elisabeth besucht. Die Anlage ist auch heute noch ein Erlebnis für jung und alt.

Gleich zu Beginn gibt es einen einladenden Spielplatz, und vor dem Kassahäuschen ist eine Mühle mit Wasserrad in Spielzeuggröße in den Bach gebaut. Zahlreiche Brücken und Stege leiten durch mehrere Katarakte, in denen der Myrabach tosend in die Tiefe stürzt.

Einen weiteren Höhepunkt der Wanderung bietet die Besteigung des bereits vom Parkplatz aus sichtbaren Haussteins. Sieht dieser Berg mit seiner hohen Felswand auch sehr abweisend aus, so ist er doch von einer Seite leicht zu besteigen. Auf dem Gipfelplateau soll einmal eine Raubritterburg gestanden sein. In den Raubrittersohn Heinrich hatte sich die bildhübsche Bauerntochter Myra unglücklich verliebt, und als ihr Angebeteter im Kampf fiel, stürzte sie sich am Unterberg in den Quellsee jenes Baches, der nun ihren Namen trägt.

Bei Ausgrabungen auf dem Hausstein entdeckte man, daß der Berg schon in neolithischer Zeit besiedelt war. Man nimmt an, daß es hier eine Burg mit Befestigungsanlagen gab.

Der Rückweg führt uns dann sogar noch an einem Wildgehege mit Damwild vorbei.

Wegverlauf

Ausgangspunkt ist der Parkplatz bei den Myrafällen am Nordrand von Muggendorf (gleich unterhalb des Parkplatzes befindet sich ein großer Spielplatz). Man folgt dem Wegweiser zum Kassahäuschen am Eingang der Klamm (geringe Eintrittsgebühr). Nun auf roter Markierung durch die Klamm und auf einem schönen Waldweg weiter, vorbei am Stausee, bis zum Karnerwirt. Hier Wegweiser zum Hausstein. Auf asphaltierter Straße bergauf, bis links ein Wiesenweg Richtung Hausstein abzweigt (Tafel). Diesem Weg folgt man zu einem großen Wiesensattel (10 Min. ab Abzweigung). Beim Wegweiser „Hausstein" geradeaus auf zuerst breitem, dann schmälerem Waldweg in 10 Min. auf den föhrenbestandenen Gipfel. Danach geht man den gleichen Weg zurück zum Wiesensattel und hier am linken Rand der Wiese auf breitem Weg in Richtung Muggendorf (rot markiert, Bänke zum Rasten). Vorbei an einem Wildgehege erreicht man eine Forststraße, der man nach links folgt, und kommt bald auf die asphaltierte Straße nach Muggendorf. Hier nach links und in 5 Min. zurück zum Ausgangspunkt.

Besonderheiten in der Umgebung

- Raimundvilla mit großer Freitreppe in Pernitz
- geheiztes Freibad in Pernitz

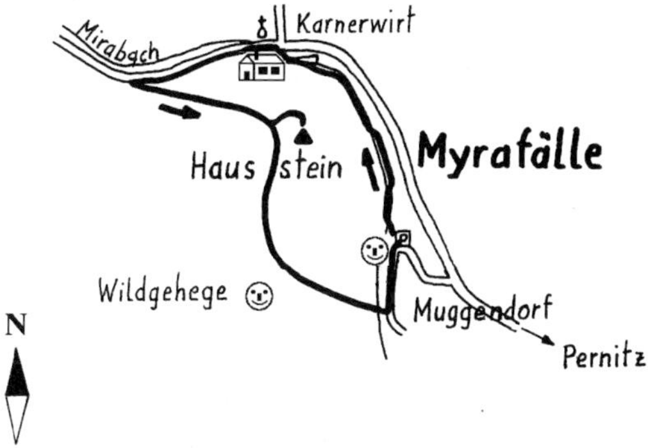

24 MARIAHILFBERG

Gehzeit: 1,5 Std./

Kalvarienbergüberschreitung mit Einsiedlerhöhle

Alter: ab 4 Jahre

Ausgangspunkt: Wallfahrtskirche auf dem Mariahilfberg in Gutenstein

Bahnverbindung: Regionalzug von Wiener Neustadt nach Gutenstein

Busverbindung: Von Gutenstein nach Mariahilfberg

Wegverlauf: Wallfahrtskirche – Kreuzweg – Hl. Grab – Raimundsitz – Sieben-Väter-Kapelle – Einsiedlergrotte – Marktaussicht – Wallfahrtskirche – Magdalenengrotte

Stützpunkt: Gasthöfe auf dem Mariahilfberg

Was allen Spaß macht:
- abwechslungsreicher Waldweg
- Grotten und Felsnischen

Karten: Freytag & Berndt, Hausberge-Atlas, 1:50 000

Der Sage nach soll 1661 einem Hammerschmied aus Gutenstein die hl. Maria siebenmal im Traum erschienen sein und ihm aufgetragen haben, ihr Bild an einem Baum auf dem Mariahilfberg anzubringen. Der Mann fuhr daraufhin nach Mariazell, erstand ein Bild der Muttergottes und tat, wie es ihm im Traum befohlen wurde. Schon bald ereigneten sich um das Bildnis wundersame Dinge, und so baute man 1668 eine Kirche auf dem Mariahilfberg. 1714–1724 wurde dann die heutige Kirche mit dem angeschlossenen Servitenkloster (Serviten, die Diener Mariens) erbaut. Die Mönche begannen daraufhin, die sie umgebende „schauerliche Waldwüste in eine heilige, barocke Landschaft“ zu verwandeln.
Unsere Wanderung führt uns zu all den Besonderheiten, die sich die Menschen der Biedermeierzeit für die Wallfahrer ausgedacht hatten. Wir besuchen das Hl. Grab, am Ende eines 1200 m langen Kreuzwegs. Von dieser felsigen Aussichtskanzel hat man einen schönen Blick zum Schneeberg.
Weiter geht es zum Raimundsitz, einem gemütlichen Rastplatz, der an den berühmten Dichter erinnern soll, und zur „Sieben-Väter-Kapelle“, benannt nach den sieben Gründern des Servitenordens.
Zur Einsiedlergrotte führt der schmale Weg unter hohen Felswänden. Diese große Felsnische wurde angeblich vom hl. Philipp Benitius (1233–1285) bewohnt. Er war 5. Ordensgeneral der Serviten und führte eigentlich gar kein einsiedlerisches Leben – es ist daher

sehr fraglich, ob in dieser Höhle jemals ein Einsiedler gelebt hat. Eine weitere Besonderheit ist die etwas abseits gelegene Magdalenengrotte.
Der Ort Gutenstein ist ebenfalls sehr sehenswert: Über dem Ort thront die Ruine Gutenstein aus dem 13. Jh., und in der Alten Hofmühle ist das Waldbauermuseum untergebracht, das einen Einblick in das Leben der Bauern rund um Gutenstein gibt.

Wegverlauf

Ausgangspunkt ist die Wallfahrtskirche auf dem Mariahilfberg. Links von der Kirche beginnt der Kreuzweg (Abzweigung mit Wegweisern). Hier nach links auf dem flachen, breiten Weg mit 14 Kreuzwegstationen in Richtung Hl. Grab. Nach 1 km Abzweigung zum Raimundsitz und zur Sieben-Väter-Kapelle. Wir gehen aber geradeaus weiter und erreichen nach 500 m das Hl. Grab auf einer Felskanzel mit Schneebergblick. Nun zur Abzweigung zurück und bergauf zum Raimundsitz und zur Sieben-Väter-Kapelle. Von hier leicht bergab, auf schmalem Weg an hohen Felswänden vorbei bis zur Abzweigung Richtung Einsiedlergrotte. Auf einem kleinen Steig zu dieser hinauf. Auf dem Steig wieder zurück und weiter zur Marktaussicht, einem schönen Rastplatz. Von hier in wenigen Minuten zurück zum Ausgangspunkt.
Vom Parkplatz aus führt ein Weg nach rechts zur Magdalenengrotte (Wegweiser), die man nach 20 Min. erreicht. Hier auf dem gleichen Weg weiter bis zu einer Waldlichtung mit einer Wegkreuzung. Nun über einen breiten Waldweg nach links zurück zum Mariahilfberg (45 Min. für diese Runde zur Magdalenengrotte).

Besonderheiten in der Umgebung

- Waldbauernmuseum in der Alten Hofmühle (geöffnet: 1. Mai–31. Okt., Do–So von 10–12 und14–17 Uhr)
- Ruine Gutenstein

25 TEUFELSMÜHLSTEIN

Gehzeit: 2 Std./

Zu sagenumwobenen Steinen, zu einer Höhle und zu einem ungewöhnlichen Spielplatz

Alter: ab 5 Jahre

Ausgangspunkt: Wöllersdorf

Bahnverbindung: Regionalzug von Wiener Neustadt nach Gutenstein bis Bahnhof Wöllersdorf

Wegverlauf: Wöllersdorf (315 m) – Teufelsmühlstein (464 m) – Bründl – Steinerner Stadl – Finkenhaus (553 m) – Marchgraben – Spielplatz – Wöllersdorf

Stützpunkt: Finkenhaus

Was allen Spaß macht:
- Teufelsmühlstein
- Steinerner Stadl
- großer, ungewöhnlicher Spielplatz

Karten: Freytag & Berndt, Hausberge-Atlas, 1:50 000

Der Teufelsmühlstein ist ein eigenartiges Felsgebilde inmitten der Fischauer Berge. Ein riesiger Felsblock aus Piestingschotter stützt sich auf einen einzigen schmalen Pfeiler. So sieht das ganze Gebilde einem riesigen Mühlstein sehr ähnlich und hat immer schon die Menschen der Umgebung angelockt. Früher zwängte man sich durch diesen Felsen, um so manche körperliche Beschwerden und Leiden loszuwerden. Besonders gegen Rückenschmerzen galt diese Art der Behandlung als das Geheimrezept. Aber Vorsicht! Die Umrundung des Steins ist auf der Talseite recht ausgesetzt. Mit Kindern sollte man sich nur auf der Hangseite durch den engen Felsspalt zwängen, das ist ungefährlich und macht auch viel Spaß. Der „Steinerne Stadl" ist eine sehr große Naturbrücke. Man könnte fast annehmen, daß hier ein Riese mit seiner Faust den Stein ausgehöhlt hat. In dieser eindrucksvollen Durchgangshöhle fand man auch viele Reste einer prähistorischen Kultur.

Den Abschluß und Höhepunkt der Wanderung bietet aber sicherlich der Spielplatz im Marchgraben. Hier gibt es verschiedene Ringelspiele, Schaukeln, eine Sandkiste und sogar einen kleinen Bach in unmittelbarer Nähe, und kurz bevor man die Straße wieder erreicht, bei einem der ersten Häuser, ist an einem Baum sogar noch ein altes Tandem mit Gedenktafel aufgehängt.

Wegverlauf

Ausgangspunkt ist die Unterführung unter der Bundesstraße, 500 m nach dem Bahnhof Wöllersdorf. Hier beginnt auch die rote Markierung. Man folgt dieser bis zum Sportplatz inmitten des schönen Föhrenwaldes. An seinem oberen Ende Wegweiser nach Muthmannsdorf. Hier immer auf der Markierung weiter, bis man zu einem Wegweiser zum „Teufelsmühlstein" gelangt. Hier nach rechts (rote Markierung) zu dem Felsgebilde. Anschließend denselben Weg zurück bis zur Tafel „Zum Bründl", wohin man einen kurzen Abstecher machen kann (ehemaliger Brunnen, Informationstafel). Von hier – unmarkiert – auf Steigspuren zurück zum Hauptweg. Nach 15 Min. erreicht man die Abzweigung zum Steinernen Stadl (rot markiert). Danach wieder zurück zur Abzweigung und immer der Markierung und den Wegweisern folgend bis zum Finkenhaus. Der Rückweg führt vom Finkenhaus auf gelber Markierung in den Marchgraben und dann durch diesen weiter auf roter Markierung bis zum Ausgangspunkt.

Besonderheiten in der Umgebung

- Höhlturm in Wöllersdorf, runder Turm mit Durchgangshöhle
- Waldbad in Piesting
- Eisensteinhöhle bei Bad Fischau: Schauhöhle, geöffnet: Mai bis Oktober, erstes und drittes Wochenende im Monat
- Ruine Emmerberg bei Winzendorf

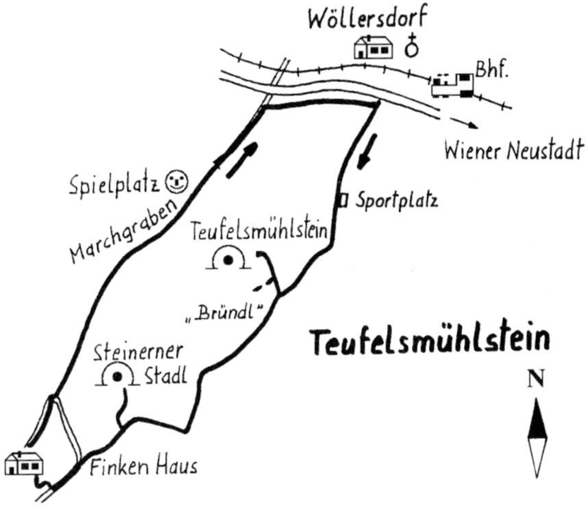

26 HOHE WAND – GROSSE KLAUSE

Gehzeit: 2,5 Std./

Wilde Schlucht an der Nordseite der Hohen Wand

Alter: ab 5 Jahre

Ausgangspunkt: Dürnbach an der Nordseite der Hohen Wand

Der Ausgangspunkt ist mit öffentlichen Verkehrsmitteln nur schlecht erreichbar

➜ *Wegverlauf:* Dürnbach (477 m) – Große Klause – Stangelsteinweg – Nazwirt – Dürnbach

Stützpunkt: Gasthof Nazwirt im Dürnbachtal

Was allen Spaß macht: einfacher Klettersteig mit kurzen Eisenleitern und Eisenklammern

! *Ausrüstung:* Brustgurt und Reepschnur für Kinder und Ungeübte

Karten: Freytag & Berndt, Hausberge-Atlas, 1:50 000

Die Steige auf der Nordseite der Hohen Wand werden seltener begangen als jene auf der Südseite. Es gibt aber auch hier versicherte Klettersteige, wie zum Beispiel jenen durch die Große Klause. Über einige Eisenleitern kommt man zum Eingang der Waldegger Tropfsteinhöhle, einer ehemaligen Schauhöhle. Weiter klettert man mit Hilfe von Eisenklammern und Eisenleitern über Felsstufen, bis der Weg wieder durch den Wald weiterführt. Dieser Klettersteig ist zwar nicht sehr schwierig, Kinder und Ungeübte sollten dennoch mit einer Reepschnur gesichert werden.
Zur Hochfläche der Hohen Wand geht man nur, wenn man noch genügend Kraft und Ausdauer besitzt, sonst kann man auf einem gut bezeichneten Weg zum Stanglsteinweg queren und über diesen absteigen. Dieser Weg ist landschaftlich sehr reizvoll. Zuerst geht es durch Himbeer- und Brombeersträucher, an denen man sich für den Abstieg stärken kann, dann führt der Weg in Kehren an hohen Felsen vorbei. Immer wieder ergeben sich hier schöne Ausblicke, und bald ist man wieder im Dürnbachtal angelangt.

Wegverlauf

Ausgangspunkt ist der Beginn der blauen Markierung durch die Große Klause im Dürnbachtal gegenüber einem ehemaligen Gasthof. Von hier über einen steinigen Weg auf die bereits sichtbaren

Felsen zu. Weiter durch den Wald bis zu einer Steilstufe. Über eine Eisenleiter und mit Drahtseilen hinauf. Jetzt durch den Graben bis zur nächsten Wandstufe. Hier befindet sich auch links die Waldegger Tropfsteinhöhle. Nun über einige Eisenleitern und durch Wald zur dritten Felsstufe. Über die Versicherungen aufwärts und schließlich durch einen kleinen Kamin mit einer Eisenleiter zum Ende des gesicherten Anstiegs. Im Wald weiter bis zu einer Wegkreuzung. Hier folgt man der blauen Markierung in Richtung Waldegger-Haus bis zur Abzweigung der gelben Markierung zum Stanglsteinweg. Auf diesem bergab, immer wieder in Kehren und an Felsen vorbei gut bezeichnet zum Nazwirt im Dürnbachtal. Nun überquert man die Straße und den Bach und folgt der gelben Markierung zurück zum Ausgangspunkt.

Besonderheiten in der Umgebung

Jakobskirche in Waldegg auf dem felsigen „Kirchenstein“, nördl. der Kirche Mauerreste, die auf eine ehemalige Burganlage hindeuten.

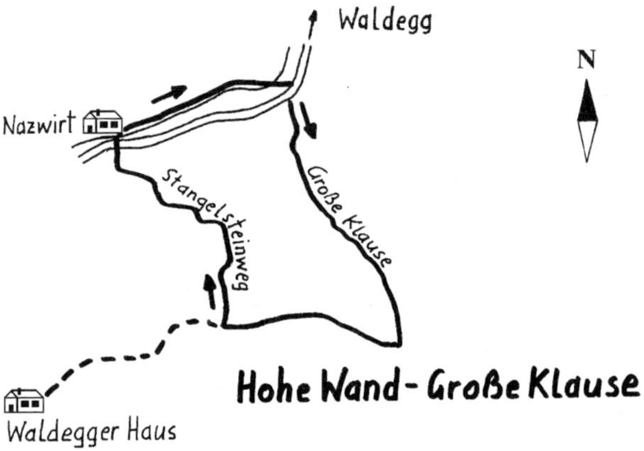

27 HOHE WAND – DROBILSTEIG

Gehzeit: 2,5 Std./

Tropfsteinhöhle und leichter Klettersteig

Alter: ab 5 Jahre

Ausgangspunkt: Dreistetten, am Ostende der Hohen Wand

Busverbindung: von Wiener Neustadt nach Dreistetten

Wegverlauf: Parkplatz Einhornhöhle (528 m) – Einhornhöhle – Herrgottschnitzerhaus (826 m) – Herrgottschnitzerweg – Einhornhöhle – Parkplatz

Stützpunkt: Herrgottschnitzerhaus der alpinen Gesellschaft „D'Herrgottschnitzer“ (Wien), ganzjährig bewirtschaftet

Was allen Spaß macht:
- Tropfsteinhöhle
- kurzer, einfacher versicherter Klettersteig mit Eisenleitern und Drahtseilen

Karten: Freytag & Berndt, Hausberge-Atlas, 1:50 000

Diese Wanderung bietet uns ein „Schneckengartl“, eine „Einhornhöhle“ und einen einfachen Klettersteig.
Im Schneckengartl tummeln sich zwar heute keine Schnecken mehr, doch fand man hier zahlreiche versteinerte Meeresschnecken, die einst jenes Meer bevölkerten, das sich während der Kreidezeit vor 135–70 Millionen Jahren in diesem Raum ausdehnte.
In der Einhornhöhle wurden zwar nicht die Reste eines Einhorns gefunden, dafür aber zahlreiche Knochen und Zähne von Höhlenbären und anderen urzeitlichen Lebewesen. Diese Funde sowie schöne Tropfsteingebilde kann man während einer Führung durch die Höhle auf bequeme Weise besichtigen. Geöffnet ist die Höhle bei Schönwetter an Sonn- und Feiertagen in der Zeit von Ostern bis September von 9–17 Uhr.
Anschließend an den Höhlenbesuch gelangt man über einen interessanten Waldweg mit Holzgeländer und Stufen in kurzer Zeit zu einem leichten Klettersteig, dem Drobilsteig. An solchen Klettersteigen haben bereits jüngere Kinder Spaß!
Kleine Felsstufen wechseln mit kurzen Eisenleitern. Sichert man dabei die Kinder mit Reepschnur und Brustgurt, so wird diese Wanderung für sie einerseits zum Abenteuer, andererseits gleichzeitig zu einer Einführung in sicheres und verantwortungsvolles

Bergsteigen. Am Ende der kurzen Kletterei leitet ein schöner Waldweg zum Hergottschnitzerhaus und zum Gasthof Hubertus (hier gibt es auch einen kleinen Spielplatz).
Für den Abstieg wählen wir einen bequemen Waldweg zurück zum Ausgangspunkt.

Wegverlauf

Ausgangspunkt ist der große Parkplatz nahe der Einhornhöhle am westlichen Ortsrand von Dreistetten. Von hier wandert man zuerst auf der gelben Markierung bis zur Abzweigung der blauen Markierung im „Schneckengartl". Dieser folgt man in Richtung Einhornhöhle in den Wald und bald auf einem Weg mit Holzgeländer und Stufen zum Eingang der Einhornhöhle. Ab hier mäßig steil immer auf der blauen Markierung weiter bis zu einem großen Waldsattel. Hier den Wegweisern folgend, zuerst auf roter, dann auf blauer Markierung (Tafel: Drobilsteig) auf breitem Waldweg bis zum Beginn des Drobilsteigs. Nun über einige Felsstufen, mit Drahtseilen und Eisenleitern versichert, in einer schluchtartigen Rinne zum Ausstieg. Von hier weiter auf der blauen Markierung bis zum Herrgottschnitzerhaus auf der Hochfläche der Hohen Wand. Kurz danach kommt man auch zum Gasthof Hubertus. Zurück geht es über den Herrgottschnitzerweg (rote Markierung) bis zur großen Wegkreuzung am Waldsattel. Von hier wieder wie Aufstieg, auf der blauen Markierung zur Einhornhöhle und zum Ausgangspunkt.

Besonderheiten in der Umgebung

- Ruine Starhemberg
- Waldbad in Piesting

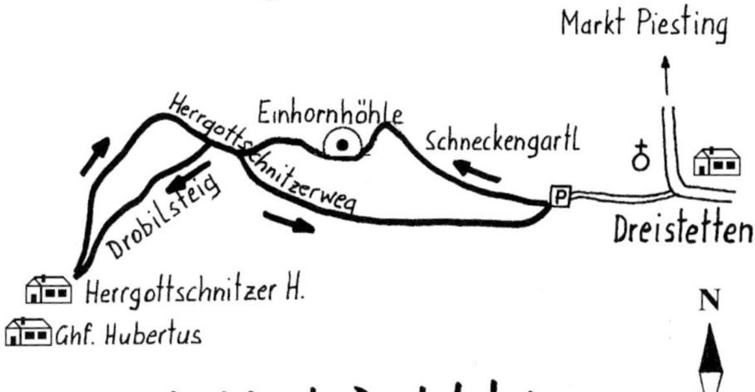

Hohe Wand - Drobilsteig

Blick von der Hohen Wand in die „Neue Welt" (Tour 27)

Am Hanselsteig mit Karnitschstüberl im Hintergrund (Tour 28)

Am Beginn der Balberschlucht (Tour 29)

28 HOHE WAND – HANSELSTEIG

Gehzeit: 3 Std./

Romantischer Klettersteig und Straßenwandern einmal anders

Alter: ab 6 Jahre

Ausgangspunkt: Loderhof bei Stollhof

Wegverlauf: Loderhof (500 m) – Hanselsteig – Hanselsteighaus (800 m) – Kohlröserl-Haus – Hohe-Wand-Straße – Römerstraße – Loderhof

Busverbindung: von Wiener Neustadt nach Dreistetten bis Haltestelle Stollhof-Schule

Stützpunkt: Hanselsteighaus, privat
Kohlröserlhaus, privat

Was allen Spaß macht:
- einfacher Klettersteig
- Spielplatz in der Nähe des Hanselsteighauses

! *Ausrüstung:* Brustgurt und Reepschnur für Kinder und Ungeübte

Karten: Freytag & Berndt, Hausberge-Atlas, 1:50 000

Der Hanselsteig ist wohl einer der bekanntesten versicherten Klettersteige auf die Hohe Wand. Herr Hansel, ein Spenglermeister aus Neunkirchen, versicherte diesen Aufstieg 1910 mit Leitern und Eisenklammern. Der Steig führt durch die große Felsnische, das „Karnitschstüberl", das schon vom Tal aus gut zu sehen ist (benannt ist es nach einem ehemaligen Besitzer des Loderhofs). In dieser dreieckigen Halbhöhle befinden sich ein Tisch, eine Rastbank und ein aus dem Boden gehauener kreisförmiger Schacht. Ob und warum dieses Loch vor langer Zeit von Menschen hier oben gegraben wurde, ist immer noch ein Rätsel. Aus dieser Nische führt der Steig zuerst über eine kleine Holzbrücke und dann zu der 10 m hohen, leicht abdrängenden Leiter im Hanselkamin. Kinder müssen auf diesem Steig unbedingt mit einer Reepschnur oder einem kurzen Seil gesichert werden.
Für den Abstieg benützen wir die Römerstraße. Ob dieser Weg tatsächlich von den Römern angelegt wurde, ist nicht ganz sicher, doch erinnern zahlreiche künstliche Gesteinsrillen an die Bauweise solcher Straßen. Jedenfalls wird dieser Weg schon seit vielen Jahrhunderten begangen.

Wegverlauf

Ausgangspunkt ist der Loderhof bei Stollhof an der Hohen Wand (rote Markierung). Zuerst mäßig steil, dann steiler durch Nadelwald zum Wandfuß. Man sieht bereits von hier das markante Karnitschstüberl. Nun über Felsen, durch Drahtseil gesichert, zur Hanselsteighöhle. Danach nach links querend über eine kleine Holzbrücke zu einem großen Kamin, der über eine 10 m hohe Eisenleiter erstiegen wird. Weiter auf die Hochfläche der Hohen Wand in unmittelbarer Nähe des Hanselsteighauses. 100 m weiter rechts liegt eine große Spielwiese mit einem schönen Kinderspielplatz. Von hier aus folgt man der roten Markierung in Richtung Kohlröserl-Haus und erreicht bald eine Straße, der man nach rechts folgt. Man kommt zu einer großen Straßenkreuzung, bei der man nach links zum ehemaligen Gasthof Wieser geht. Kurz danach trifft man auf eine alte verrostete Tafel (gelbe Markierung, zur Völlerin). Nun 100 m bergauf, bis links ein Weg abzweigt (unmarkiert). Der Weg führt zuerst schmal, dann breiter werdend (Römerstraße) zur Hohen-Wand-Straße. Auf dieser ein Stück bergab, bis links ein Weg (rot bezeichnet) abzweigt. Diesen hinunter, zuerst rot, später gelb markiert, zurück zum Ausgangspunkt.

Besonderheiten in der Umgebung

- Ruine Emmerberg bei Winzendorf
- Naturpark Bromberg auf der Hochfläche der Hohen Wand

Hohe Wand - Hanselsteig

29 BALBERSTEINE

Gehzeit: 2 Std./

Wuchtige Felstürme inmitten sanfter Waldhügel

Alter: ab 6 Jahre
Ausgangspunkt: Miesenbach
Bahnverbindung: Regionalzug von Wiener Neustadt nach Gutenstein bis Haltestelle Miesenbach
Busverbindung: von Haltestelle Miesenbach-Bahnhof bis Haltestelle Miesenbach-Kreuzung Frohnberg (Autobusunternehmen Partsch)
Wegverlauf: Miesenbach (470 m) – Balbersteine – Mühlstein (750 m) – Mühlsteiggraben – Miesenbach
Stützpunkt: keiner
Was allen Spaß macht:
- interessante Felsszenerie
- kleiner Bach zum Spielen

Karten: Freytag & Berndt, Hausberge-Atlas, 1:50 000

Diese Wanderung eignet sich gut für bereits größere Kinder. Mächtige Felsblöcke ragen hier aus den sanften Waldhügeln rund um Miesenbach, bilden eine wilde Schlucht mit einer eindrucksvollen Naturbrücke. Der Weg führt vorbei an kleinen Höhlen und Nischen auf den Gipfel des höchsten der Balbersteine, den Mühlstein. Vom Gipfelkreuz hat man eine herrliche Rundsicht zu den Bergen des südlichen Wienerwalds und zum Schneeberg. Ein neu markierter Weg, der noch recht selten begangen ist, erschließt diese so unerwartet wilde Landschaft, einige Male sogar über kleine Felsblöcke und durch enge Felsgassen. Trittsicherheit ist hier schon erforderlich. Auf gut markiertem Steig erreicht man den kanzelartigen Gipfel des Mühlsteins. Der Abstieg führt, ebenfalls gut bezeichnet, durch den Mühlsteiggraben, vorbei an einem idyllischen Waldbach, der so richtig zum Spielen einlädt, zurück zum Ausgangspunkt.

Wegverlauf

Der Ausgangspunkt befindet sich gegenüber dem Kaufhaus Wodak in Miesenbach. Der Weg beginnt neben einem Pferdehof, ein origineller Wegweiser mit dem Hinweis „Balbersteine" weist in den beginnenden Graben. Man folgt anfangs der grünen Markierung steil entlang des Baches, bis bald (nach 5 Min.) ein blau markierter Weg nach links steil auf den Waldhang zu abzweigt (Wegweiser).

Hier auf einem schmalen, aber gut ausgetretenen Steig bis an den Fuß der ersten Felsen. Man hält sich nun nach rechts und gelangt so zu einer schuttgefüllten Schlucht. Durch diese steil hinauf bis zu einem großen Felsbogen am oberen Ende der Schlucht. Jetzt immer auf dem Kamm entlang, bis man einen großen Wiesensattel mit einem Holzschlag und Jägerstand erreicht. Hier Wegweiser zum Mühlstein und zum Mühlsteiggraben, der für den Abstieg benützt wird. Die Markierung führt wieder in den Wald, bis an den Fuß der Mühlsteinfelsen. Zuerst über eine kleine Felsstufe (2 m), dann durch eine kurze Felsgasse, zum Gipfelaufbau des Mühlsteins. Zuletzt über Erde und Felsen (gut bezeichnet) zum Gipfelkreuz (1 $^1/_4$ Std. ab Ausgangspunkt). Der Abstieg erfolgt nun auf demselben Weg zurück zum Wiesensattel. Hier folgt man dem Wegweiser in den Mühlsteiggraben (blau bezeichnet) und kommt nach 20 Min. zu einer kleinen Lichtung mit einem kleinen Bach. Von hier aus erreicht man in Kürze die Fahrstraße nach Mühlsteig. Rechts von der Kehre führt der Weg wieder in den Wald und immer entlang des Baches bis zu einer Forststraße, die man überquert (hier schlecht markiert!). Nach 100 m bei einer gut erkennbaren Abzweigung eines kleinen Waldwegs nach rechts, und auf diesem in 10 Min. zurück zum Ausgangspunkt.

Besonderheiten in der Umgebung

Gauermann-Museum in Scheuchenstein, geöffnet: Ostern–26. Oktober, Sa,So und an Feiertagen 10–17 Uhr.

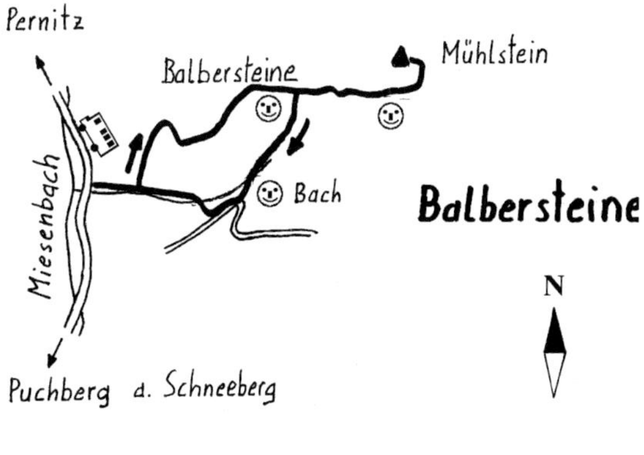

30 RUINE SCHEUCHENSTEIN

Gehzeit: 1 Std. /

Kleine Klamm und kleine Ruine

Alter: ab 3 Jahre

Ausgangspunkt: Scheuchenstein oberhalb des Miesenbachtals

Wegverlauf: Scheuchenstein (556 m) – Klamm – Ruine (600 m) – Scheuchenstein

Bahnverbindung: Regionalzug von Wiener Neustadt nach Gutenstein bis Bahnhof Miesenbach

Busverbindung: von Bahnhof Miesenbach bis Haltestelle Miesenbach – Gasthaus Hornung (Autobusunternehmen Partsch)

Stützpunkt: Gasthof in Scheuchenstein

Was allen Spaß macht:
- große Wiese
- romantische Klamm im Wald
- Burgruine Scheuchenstein

Karten: Freytag & Berndt, Hausberge-Atlas, 1:50 000

Diese Wanderung führt uns zu den Mauerresten einer einst mächtigen und wohlbefestigten Raubritterburg auf einem scheuchen („schiachen") Stein. So häßlich ist der Burgfelsen eigentlich gar nicht, aber von dem kleinen Ort am Fuße der Ruine aus wirkt er schon recht abweisend. Dennoch ist diese Wanderung bereits mit jüngeren Kindern gut zu bewältigen, sie ist kurz, immer wieder verlocken Besonderheiten zum Weitergehen.

Am Beginn führt der Weg gleich über eine große Wiese, dann windet er sich durch zwei Wildgatter, und bald schon kommt man zu der kurzen, aber sehr romantischen Waldklamm. Holzstufen und Brücken führen am Bach entlang, und nach kurzem Aufstieg erreicht man eine kleine Wiese. Ein Maulwurf scheint hier sein Revier zu haben. Von hier aus sieht man auch schon die Ruine auf dem nahen Felsen. Ein schmaler Weg mit Holzgeländer führt durch Föhrenwald zu den verfallenden Mauerresten. Ins Innere gelangt man über eine kurze Eisenleiter (3 m hoch, unschwierig). Die Burg wurde im 12. Jh. von Ottokar VI. erbaut und verfällt nun seit dem 17. Jh. Die Steine der Burg wurden oft als Baumaterial für die umliegenden Bauernhäuser verwendet.

Abschließen kann man diese Wanderung mit einem Besuch des Gauermann-Museums, das an den berühmten Landschaftsmaler (1807–1862) erinnert, der hier geboren und auch begraben wurde.

Wegverlauf

Ausgangspunkt ist der Beginn der roten Markierung in Scheuchenstein (Tafel) knapp oberhalb des Gauermann-Museums. Man folgt dem Weg ein Stück bergab über eine große Wiese in den Wald, wo man bald den Beginn der Klamm erreicht. Nun über einige Stufen und Brücken entlang des Baches bergauf und in 10 Min. zu einer kleinen Wiese. Man überquert diese und kommt nach 100 m zu einer Wegkreuzung und einer gelben Markierung. Hier nach rechts auf der Schotterstraße, bis man rechter Hand ein Wohnhaus erreicht (Hausberg Nr. 77). Unmittelbar an dessen Gartenzaun zweigt ein schmaler Weg nach rechts zur Ruine ab (Tafel). Auf dem schmalen Waldweg mäßig steil bergauf bis zu den Mauerresten der Ruine und über eine kleine Eisenleiter ins Burginnere. Zurück folgt man dem kleinen Weg wieder bis zu dem Wohnhaus und geht hier nun nach rechts (gelb markiert) auf der Straße bergab zum Ausgangspunkt im Ort Scheuchenstein.
Benützer öffentlicher Verkehrsmittel folgen ab der Haltestelle Miesenbach-Gasthaus Hornung der roten Markierung über den Gauermannhof bis nach Scheuchenstein; von hier weiter wie oben beschrieben. Die Wanderung verlängert sich dadurch um eine Stunde.

Besonderheiten in der Umgebung

- Gauermann-Museum, geöffnet: Ostern–26. Okt.; Sa, So und an Feiertagen von 10–17 Uhr
- Gauermannhof (Gauermanns Geburtshaus)
- Wasserfall, 15 Min. vom Gasthaus Hornung, in Richtung Dürre Wand

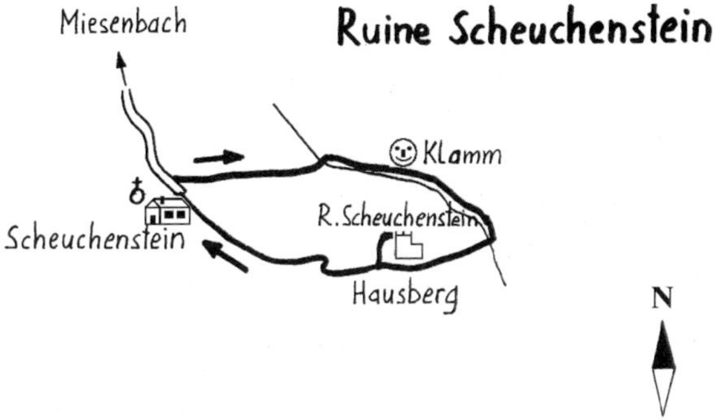

Ruine Scheuchenstein (Tour 30)

Mamauwiese mit Schneeberg (Tour 32)

Spielplatz am Eingang der Johannisbachklamm (Tour 33)

31 GELÄND

Gehzeit: 2 Std. /

Der ganze Schneeberg – zum Greifen nahe

Alter: ab 5 Jahre

Ausgangspunkt: Haltestelle auf dem Grünbacher Sattel

Bahnverbindung: Regionalzug von Wiener Neustadt nach Puchberg/Schneeberg bis Haltestelle Grünbach

Wegverlauf: Grünbacher Sattel (678 m) – Geländ, Naturfreunde-Schutzhaus (1023 m) – Hausstein – Grünbacher Sattel

Stützpunkt: „Auf dem Geländ"-Naturfreundehaus

Was allen Spaß macht:
- abwechslungsreicher, schmaler Weg
- große Wiesen

Karten: Freytag & Berndt, Hausberge-Atlas, 1:50 000

Das Geländ ist die westlichste Erhebung der Hohen Wand und eine ausgezeichnete Aussichtskanzel mit herrlichem Blick zum Schneeberg.

Schon die Menschen der späten Bronzezeit (1200–700 v.Chr.) schätzten diesen Berg. Bei Ausgrabungen fand man eine mit Ringwällen befestigte Siedlungsanlage, die sogar Lebensmittelvorratsspeicher und ein Staubecken für Regenwasser hatte. Bei Ausgrabungen entdeckte man ca. 47 000 Keramikstücke, sowie Äxte, Messer und Schmuckstücke. Die Leute auf dem Geländ hatten damals also wirklich einen gehobeneren Lebensstil, und das betraf nicht nur die geographische Lage ihrer Siedlung. Von Beruf waren sie wahrscheinlich Handwerker: Bronzegießer, die den Bergwind gut für ihre Schmelzöfen brauchen konnten.

Heute bietet uns das Geländ interessante Aufstiege durch den Föhrenwald, ein Waldpfad windet sich in Kehren zu der schönen Gipfelwiese. Der Schneeberg ist hier zum Greifen nahe.

Beim Abstieg gelangen wir zu der großen südseitig gelegenen Wiese am Fuße des Haussteins. Natürlich ist auch dieser Platz geschichtsträchtig: Schon 2800 v. Chr. gab es hier eine Siedlung. Heute kann man auf der großen Wiese oberhalb des Grünbacher Sattels so richtig gut faulenzen oder in den Felsen des Haussteins ein wenig klettern.

Wegverlauf

Ausgangspunkt ist die Abzweigung der roten Markierung 100 m nach dem Grünbacher Sattel in Richtung Puchberg/Schneeberg. Man folgt dem Weg zunächst entlang von Weideflächen, dann in einem Hohlweg, bis man nach 20 Min. die Abzweigung der blauen Markierung nach rechts erreicht. Nun auf der blauen Markierung im Föhrenwald mäßig steil bergauf (gut bezeichnet) und schließlich in Kehren bis zu einer großen Waldlichtung. Diese wird überquert und das letzte Stück auf roter Markierung zur Gipfelwiese und zur Hütte zurückgelegt.
Der Abstieg führt nun in westlicher Richtung auf roter Markierung zuerst zu einer kleinen Wiese, dann über einen Waldkamm und schließlich in steilen Kehren zur Wiese am Fuß des Haussteins. Man überquert diese und erreicht am unteren Ende der Wiese einen kleinen Pfad, der nach rechts wieder in den Wald führt (rot bezeichnet). Nun immer der Markierung folgend zurück zur Haltestelle Grünbacher Sattel und von dort auf der Straße zurück zum Ausgangspunkt.

Besonderheiten in der Umgebung

- Bergbaumuseum in Grünbach, Gasthaus Krumböck, Am Neuschacht 12, tägl. geöffnet, außer Freitag, 9–12 und 15.30–21 Uhr
- Schwimmbad mit Kinderbassin in Grünbach

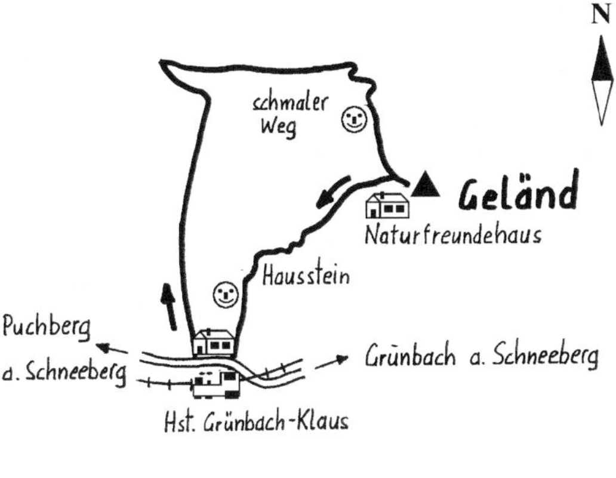

32 SEBASTIANWASSERFALL *Gehzeit:* 2,5 Std.

Ein 40 m hoher Wasserfall mit einem schönen Bach zum Spielen

Alter: ab 5 Jahre

Ausgangspunkt: Losenheim, Talstation Sessellift

Bahnverbindung: Regionalzug von Wiener Neustadt nach Puchberg/Schneeberg

Busverbindung: Bundesbus von Puchberg-Bahnhof bis Haltestelle Losenheim-Doppelsesselbahn

➜ *Wegverlauf:* Losenheim-Talstation – Almreserlhaus (1230 m) – Berghaus Mamauwiese (957 m) – Sebastianwasserfall (750 m) – Wasserfallwirt – Sonnleiten (664 m)

Stützpunkt: Almreserlhaus bei der Bergstation des Sessellifts Berghaus Mamauwiese
Wasserfallwirt unterhalb des Sebastianwasserfalls

Was allen Spaß macht:
- Fahrt mit dem Doppelsessellift
- große Wiese
- Sebastianwasserfall

Karten: Freytag & Berndt, Hausberge Atlas, 1:50 000

Die Besonderheiten dieser Wanderung sind der schöne Ausblick auf den gegenüberliegenden Schneeberg, eine große Wiese und ein beeindruckender Wasserfall.
Am Anfang der Wanderung benützen wir den Doppelsessellift in Losenheim. Sesselliftfahren macht Kindern Spaß und erspart ihnen einen eher langweiligen Aufstieg über Schipisten und Forststraßen. Von der Bergstation geht es über einen schönen Waldkamm, der immer wieder von kleineren Felsen durchsetzt ist, bis zur Mamauwiese. Der Name stammt angeblich von dem Wort Mumen – so wurden früher gute Geister genannt –, die sich hier des öfteren herumtreiben sollen. Weiter geht es nun entlang des Baches auf einem breiten Weg. Immer wieder gibt es Gelegenheit zum Spielen am Bach. Eine kleine Brücke wird überquert und einige niedrige Felsstufen überklettert, bis man am Fuß des 40 m hohen Wasserfalls anlangt. In unmittelbarer Nähe befindet sich das Gasthaus „Wasserfallwirt", mit einem Spielplatz und einem Enten- und Fischteich. Auf der ab hier asphaltierten Straße geht es hinunter zur Straße nach Losenheim.
Ausgangspunkt und Endpunkt sind bei dieser Wanderung nicht dieselben. Am besten ist es daher, man fährt mit der Bahn bis nach Puchberg am Schneeberg und weiter mit dem Bundesbus bis zur Talstation des Sessellifts. Die Wanderung endet wieder bei einer

Bushaltestelle (Hof-Sebastianwasserfall), der Bus bringt uns zurück nach Puchberg.

Wegverlauf

Ausgangspunkt ist die Talstation des Doppelsessellifts in Losenheim. Von der Bergstation folgt man der roten Markierung, vorbei am Almreserlhaus. Der Weg führt über den Kamm (Dürre Leiten) auf einem schmalen Weg bis zur Mamauwiese. Hier zweigt ein rot und blau markierter Weg zum Sebastianwasserfall ab. Auf dem breiten Weg nun immer entlang des Baches und der blauen Markierung folgend bis zur Abzweigung des Römerwegs. Hier geradeaus auf dem gleichen Weg weiter, bis man knapp oberhalb des Wasserfalls noch einmal eine Abzweigung erreicht. Man hält sich hier nach rechts, geht über die kleine Brücke und weiter über einige kleine Felsen. Schließlich steil bergab zum Sebastianwasserfall. Der Weg führt weiter zum Wasserfallwirt und dann über die asphaltierte Straße zur Bushaltestelle.

Variante: Von der Mamauwiese gelangt man auf einem rot markierten Weg zurück zur Talstation des Sessellifts in Losenheim. Bei diesem Abstieg kommt man aber nicht zum Sebastianwasserfall.

Besonderheiten in der Umgebung

- Burgruine Buchberg, in Puchberg, wahrscheinlich erbaut im 13. Jh., verfällt seit Mitte des 16. Jh.
- Kurpark mit Teich und Schwänen in Puchberg
- Schneebergmuseum in Puchberg

Sebastian Wasserfall -Mamauwiese

33 JOHANNISBACHKLAMM

Gehzeit: 1,5 Std. /

Genußwanderung am Bach entlang

Alter: ab 3 Jahre
Ausgangspunkt: Würflach
Wegverlauf: Würflach, Beginn der Johannisbachklamm – Johannisbachklamm – Gasthaus am Ende der Klamm – Würflach
Busverbindung: Bundesbus von Neunkirchen Bahnhof bis Haltestelle Würflach-Gemeindeamt (verkehrt an Sonntagen erst ab Mittag)
Stützpunkt: Gasthäuser am Beginn und am Ende der Klamm
Was allen Spaß macht: Klamm mit Brücken und Stegen
Karten: Freytag & Berndt, Hausberge-Atlas, 1:50 000

Schon Kleinkinder können die Johannisbachklamm begehen. Der Weg durch die Klamm ist kurz und dennoch sehr abwechslungsreich und interessant.
Kinder brauchen also noch nicht viel Ausdauer für diese Wanderung; für den Spielplatz am Beginn der Klamm sollte man einen längeren Aufenthalt einplanen. Hier gibt es ein Ringelspiel, einige Schaukeln, und der Bach ist so seicht, daß man gut darin spielen kann. In der kleinen Gaststätte bekommt man auch eine Stärkung, wenn man einmal die ein bißchen eigenwillig geschriebene Speisekarte entziffert hat: Hier gibt es „Zwüfischmoizbrod und Xöchts". Durch die Klamm verläuft der Weg fast eben, über einige Brücken und Stege. Angeblich hat die hl. Maria diese schöne Klamm auch schon besichtigt. Sie hat aber nicht gerade die einfachste Variante zum Durchstieg gewählt. Man kann ihren Fußabdruck noch in den Felsen gegenüber der Steiganlage erkennen. Als normaler Erdenbürger sollte man aber doch besser den Weg über die Steiganlagen benützen, die man sogar mit einem Kinderwagerl befahren kann, wenn man bereit ist, dieses über einige Stufen hochzuheben. Am Ende der Klamm gibt es Wiesen zum Spielen. Zurück geht man entweder auf demselben Weg oder auf einem bezeichneten Weg oberhalb der Klamm durch den Wald. Diese Route erfordert allerdings schon wesentlich mehr Ausdauer.
Nicht zu empfehlen ist es, diese Wanderung mit einem Besuch der Ruine Schrattenstein zu verbinden. Der Weg auf der Straße nach Schrattenbach ist für Kinder langweilig, besonders das letzte Stück auf der Asphaltstraße. Die Ruine Schrattenstein ist auch

nicht sehr sehenswert, da nur mehr wenige Mauerreste vorhanden sind.

Wegverlauf

Ausgangspunkt ist das Ende der Zufahrtsstraße zur Johannisbachklamm in Würflach. Man geht auf dem breiten Weg bis zum Beginn der Klamm und durch diese auf rot bezeichnetem Steig bis zum Gasthaus am Ende der Klamm. Hier nun entweder auf demselben Weg zurück, oder noch 500 m weiter in Richtung Schrattenbach bis zu einer Abzweigung. Den Wegweisern folgend auf Waldwegen zurück zum Ausgangspunkt.

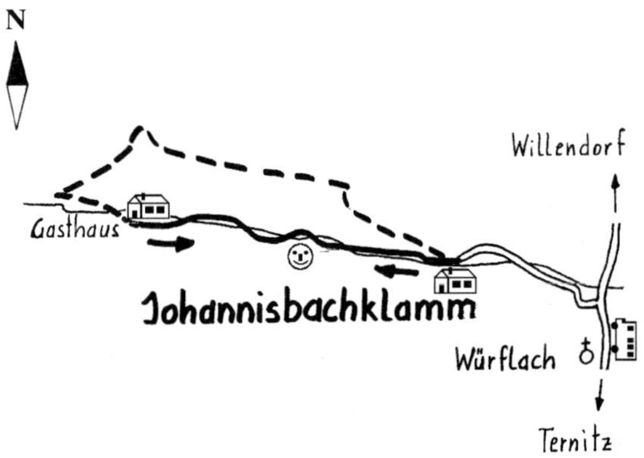

34 FLATZER WAND

Gehzeit: 2,5 Std./

Zwei Miniaturklettersteige, die alles bieten

Alter: ab 5 Jahre

Ausgangspunkt: Flatz, 4 km nordöstlich von Ternitz

Wegverlauf: Flatz (461 m) – Jubiläumssteig – Neunkirchner Naturfreundehaus (722 m) – Fürststeig – Flatz

Der Ausgangspunkt ist mit öffentlichen Verkehrsmitteln nur schlecht erreichbar

Stützpunkt: Neunkirchner Naturfreundehaus, ganzjährig Sa, So und an Feiertagen, im Juli und Aug. durchgehend bewirtschaftet

Was allen Spaß macht:
- einfache Klettersteige mit Eisenklammern, Leitern, Drahtseilen
- kleine Höhlen

Karten: Freytag & Berndt, Hausberge-Atlas, 1:50 000

Die Flatzer Wand ist (fast) eine kleine Schwester der Hohen Wand. Auch hier findet man zahlreiche interessante Klettersteige, von denen zwei ganz besonders gut geeignet sind, Kindern und Erwachsenen zu gefallen: der Jubiläumssteig und der Fürststeig. Wählt man den Jubiläumssteig im Aufstieg, so klettert man über Eisenleitern, Klammern und an Drahtseilen entlang auf die Hochfläche. Die Kletterstellen sind einfach, und dennoch bieten sie die Gelegenheit, über den Fels zu turnen. Ratsam ist es, Kinder mit der Reepschnur zu sichern. Nach dem Aufstieg wandert man zum Neunkirchner Naturfreundehaus mit einem Spielplatz.
Den Fürststeig begehen wir im Abstieg. Der Weg führt uns durch eine interessante Durchgangshöhle, den „Schiebbogen“. Unweit davon befindet sich das „Flatzer Loch“, eine Höhle, in der bereits die Bewohner der Umgebung während der Türkenkriege Zuflucht suchten. Der Zustieg zu dieser Höhle ist versichert, der „Abstecher“ zu ihr wirklich lohnend.
Man kann nach dieser Wanderung noch die kleine Tropfsteinhöhle „Langes Loch“ besuchen. Für diese Höhle braucht man aber unbedingt gut funktionierende Taschenlampen und sehr strapazfähige Kleidung. Leider wurden die meisten Tropfsteine bereits abgeschlagen, aber nach wie vor leben hier etliche Fledermäuse.
Ein Tip für heiße Sommertage: Fein ist es, diese Wanderung in Ternitz in dem schönen Erlebnisbad ausklingen zu lassen.

Wegverlauf

Ausgangspunkt ist Flatz, 4 km nördlich von Ternitz. Hier zweigt am Nordrand des Ortes, an der Straße nach Raglitz, ein Weg mit blauer Markierung nach links ab (Tafel). Man folgt diesem Weg bis zu einer Wegkreuzung und wendet sich hier nach links in Richtung Jubiläumssteig. Auf der grünen Markierung bis zur Waldandacht. Kurz danach weisen ein grüner Pfeil und eine Wegtafel nach rechts zum Jubiläumssteig. Nun steil bergauf bis zum Einstieg des Jubiläumssteigs. Zuerst über eine kleine Eisenleiter (hier auch blaue Markierungspunkte), dann weiter über eine 4 m hohe Eisenleiter in einer verschneidungsartigen Nische auf einen Absatz. Von hier nun am Wandabbruch, der mit Drahtseilen gesichert ist, bis zu einer Querung, die bereits zum Ausstieg leitet. Hier kreuzt der Wanderweg zum Neunkirchner Naturfreundehaus (rote Markierung). Auf diesem nun nach links (später gelbe Markierung), bis zur Hütte. Für den Abstieg folgt man der gelben Markierung wieder ein Stück zurück und zweigt dann bei einer Tafel (Fürststeig) in einen Graben ab (rote Markierung). Der Weg führt nun durch eine Durchgangshöhle (hier Abzweigung zum „Flatzer Loch") und weiter bis zu einer großen Fichte mit Wegweiser und Rastbank. Jetzt nach links (grüner Pfeil) zurück zur Waldandacht und weiter zum Ausgangspunkt.

Besonderheiten in der Umgebung

- Erlebnisbad in Ternitz
- Naturpark Sierningtal: Wildgehege, Teich, Spielplätze

Flatzer Wand

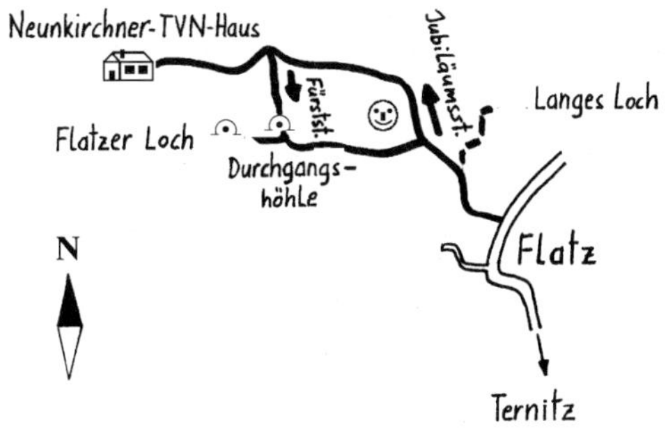

35 FALKENSTEIN – TIERPARK SCHWARZAU

Gehzeit: 2 Std./

Felsige Aussichtskanzel – Gemsen, Steinböcke und Hirsche

Alter: ab 4 Jahre

Ausgangspunkt: Schwarzau im Gebirge

Wegverlauf: Schwarzau/Geb. (617 m) – Waldandacht – Grubenfranzl (850 m) – Falkenstein (1013 m) – Waldandacht – Schwarzau/Geb.

Busverbindung: Bundesbus von Payerbach-Reichenau Bahnhof bis Schwarzau im Gebirge-Postamt

Stützpunkt: Gasthöfe in Schwarzau

Was allen Spaß macht:
- Steiganlage mit Holztreppen
- große Wiese beim Grubenfranzl
- Rastplatz am kanzelartigen Gipfel
- Wildpark in Schwarzau

Karten: Freytag & Berndt, Hausberge-Atlas, 1:50 000

Der Falkenstein ist eine felsige Aussichtskanzel über dem Schwarzatal; an klaren Tagen hat man von hier nahezu einen 360-Grad-Rundblick über die Wiener Hausberge. Am Beginn der Wanderung führt ein reizvoller Waldweg (im Frühjahr blühen hier eine Menge Schneerosen) zu einem Bildstock mit einer Marienstatue in einer imposanten Felsnische. Die kleine unschwierige Steiganlage mit Holzbrücken und Geländer ist eine willkommene Abwechslung. Am Gipfel lädt eine große Bank mit Tisch zur Gipfelrast (doch Vorsicht, Felsabstürze!).
Beim Abstieg kann man noch einen kurzen Abstecher zu den großen Wiesen bei dem unbenützten Gehöft „Grubenfranzl" machen.
Der Wildpark in Schwarzau mit seinen Hirschen, Gemsen, Ziegen, einem Streichelzoo und einem schönen Spielplatz bildet sicherlich noch einen eindrucksvollen Abschluß dieser Wanderung.

Wegverlauf

Ausgangspunkt ist die Abzweigung der roten Markierung zum Falkenstein (Tafel) an der Straße von Schwarzau/Geb. nach Rohr /Geb. ca. 100 m nach dem Naturpark. Man folgt der roten Markierung zuerst über eine Wiese, dann im Wald, bis man nach 20 Min. einen

Bildstock mit einer Marienstatue aus Holz in einer Felsnische erreicht. Hier führt nun nach rechts eine Steiganlage mit Holzbrücke und Geländer in den Hochwald. Weiter auf der roten Markierung bis zu einer Forststraße. Jetzt nach links (Tafel Falkenstein, 20 Min.) auf der Forststraße, bis man nach 15 Min. zu einer Abzweigung in einer Rechtskurve gelangt. Nun nach links auf mäßig steilem Waldweg bergauf und in 5 Min. zum Gipfel.
Der Abstieg erfolgt auf demselben Weg, doch kann man bei der Abzweigung der roten Markierung von der Forststraße nach links in 5 Min. zum Grubenfranzl gelangen (schöner, alter, verlassener Bauernhof mit Wiesen und alten Obstbäumen). Den Ausgangspunkt erreicht man wieder, wie beim Aufstieg, über die rote Markierung.

Besonderheiten in der Umgebung

- Wildpark in Schwarzau
- Hubmer-Gedächtnisstätte in Naßwald, geöffnet: Mai–Oktober Sa 13–17, So 9–17 Uhr

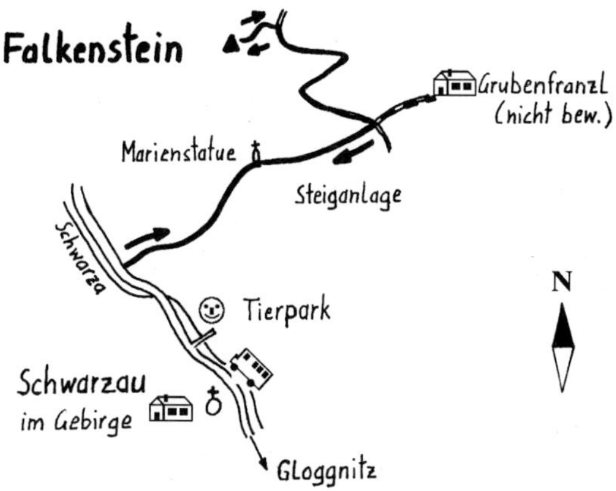

Der Jubiläumssteig auf der Flatzer Wand (Tour 34)

Großer Sonnleitstein (Tour 36)

Die Schneeberg-Zahnradbahn (Tour 38)

36 GROSSER SONNLEITSTEIN *Gehzeit:* 5 Std./

Wo einst der Raxkönig lebte

Alter: ab 7 Jahre

Ausgangspunkt: Hinternaßwald

Busverbindung: Bundesbus von Payerbach-Reichenau-Bahnhof bis Hinternaßwald

Wegverlauf: Hinternaßwald (711 m) – Kaisersteig – Ameiswiese (1250 m) – Großer Sonnleitstein (1639 m) – Franz-Jonas-Steig – Hinternaßwald

Stützpunkt: keiner

Was allen Spaß macht:
- große Almwiese auf der Ameisalm
- leichte Felsen am Gipfelaufbau

Karten: Freytag & Berndt, Hausberge-Atlas, 1:50 000

Die Geschichte des Naßbachtals, über dem der große Sonnleitstein thront, ist eng mit der Person des „Raxkönigs" verbunden. Der Raxkönig, das ist keine mythische Figur, sondern so wird jener Mann bezeichnet, der den Ort Naßwald am Ende des 18. Jahrhunderts gründete.
Georg Hubmer (1755–1833) und sein Bruder mußten ihre Heimat, das Salzkammergut, aus Glaubensgründen verlassen (sie waren protestantisch) und siedelten sich in der Wildnis am Fuß der Raxalpe an. Hier im Höllental und im Naßwald gab es noch riesige ungenutzte Holzvorkommen, die von den beiden Holzknechten und ihren Taglöhnern zu dem Eisenwerk nach Hirschwang geschafft wurden und auch weiter, über den Wiener Neustädter Kanal nach Wien.
Um aber auch die Holzbestände des Neuwalds nützen zu können, baute Georg Hubmer einen 750 m langen Tunnel durch das Preintaler Gscheidl. Damals eine einzigartige Leistung! Durch diesen Stollen wurden die Holzstämme geschwemmt.
Heute befindet sich ein Museum in Naßwald, das diesem einfachen und doch so genialen Mann gewidmet ist.
Der große Sonnleitstein steht wie ein markanter Wächter über dem Naßbachtal. Vom Gipfel hat man einen schönen Blick auf die großen Waldbestände des Neuwalds (in nördlicher Richtung), aber auch auf Schneealpe, Rax und Schneeberg. Für den Aufstieg muß man zwar schon recht ausdauernd gehen können, der Weg ist aber landschaftlich sehr reizvoll und für größere Kinder auch interessant

und abwechslungsreich. Am Gipfel steht ein großes Gipfelkreuz mit Gipfelbuch.

Wegverlauf

Ausgangspunkt ist das Ende der Straße in Hinternaßwald. Man folgt zuerst der blauen Markierung (Kaisersteig) auf der Forststraße (einige Male ist es möglich, die Kehren der Straße auf Waldwegen abzuschneiden) bis zur Abzweigung der gelben Markierung. Nun vorbei an einem Wasserfall bis zur Ameiswiese. Der Weg überquert die Wiese, und weiter, der gelben Markierung folgend, in den Hochwald. Von hier weiter im Wald bergauf bis zu dem felsigen Gipfelaufbau. Hier über leichte Felsstufen und Schrofen zum Gipfelkreuz.
Der Abstieg erfolgt über den Franz-Jonas-Steig. Zuerst auf der gelben Markierung bis zur Abzweigung des Franz-Jonas-Steiges. Hier auf diesem nach links auf roter Markierung steil im Wald bergab. Man überquert eine Forststraße und folgt dem Weg (schlecht bezeichnet) durch den Oselgraben zurück zum Ausgangspunkt.

Besonderheiten in der Umgebung

- Hubmer-Gedächtnisstätte in Naßwald, geöffnet: Mai–Okt., Sa 13–17, So und an Feiertagen von 9–17 Uhr
- Tierpark in Schwarzau im Gebirge

37 SCHNEEBERG – WEICHTALKLAMM

Gehzeit: 4 Std./

Romantischer Klettersteig zwischen himmelhohen Wänden

Alter: ab 6 Jahre

Ausgangspunkt: Weichtalhaus im Höllental

Busverbindung: Bundesbus von Payerbach-Reichenau-Bahnhof bis Haltestelle Weichtalhaus

Wegverlauf: Weichtalhaus (547 m) – Kienthalerhütte (1380 m) – Ferd.-Mayr-Weg – Weichtalhaus

Stützpunkt: Kienthalerhütte, ÖTK, ab Ostern bis Allerheiligen, samstags, sonn- und feiertags beaufsichtigt

Was allen Spaß macht: versicherter Klettersteig durch die Weichtalklamm

! *Ausrüstung:* Brustgurt und Reepschnur für Kinder und Ungeübte

Karten: Freytag & Berndt, Hausberge-Atlas, 1:50 000
ÖK 50, Sonderblatt Schneeberg und Rax

Versicherte Klettersteige sind keineswegs eine Erfindung unserer Zeit. Schon 1880 fanden die touristischen „Erstbegeher“ der Weichtalklamm dicke Baumstämme mit starken Eisennägeln, die den Jägern und Holzfällern das Überklettern so mancher Steilstufe erleichtert hatten.
Diese romantische Klamm ist die größte Schlucht am Schneeberg. Richtig düster und schaurig ist es hier manchmal, immer wieder umgeben uns hohe, abweisende Felswände, viele Gemsen sind hier zu Hause. Wenn wir uns ohne zu großen Lärm bewegen, können wir sogar einige beobachten. Kleine Felsstufen werden mit Hilfe von Eisenleitern und Klammern überwunden; für manche kurze Kletterstelle müssen wir schon einiges Geschick beweisen, der Brustgurt und die Reepschnur sollten daher unbedingt zum Sichern von weniger Trittsicheren mitgenommen werden. Der Aufstieg durch die Weichtalklamm ist, besonders für Kinder, eher lang; man kann diese Wanderung aber in zwei Tagen durchführen. Man übernachtet dann auf der Kienthalerhütte – sicherlich ein Erlebnis für Kinder – und steigt am nächsten Tag gemütlich über den Ferd.-Mayr-Weg ab. Vorher können Geübte noch den „Hüttengipfel“, den Turmstein (1416 m), auf einem ausgesetzten Klettersteig erklettern.

Wegverlauf

Ausgangspunkt ist das Weichtalhaus an der Höllentalstraße zwischen Reichenau und Schwarzau im Gebirge. Direkt beim Weichtalhaus beginnt die rote Markierung (Tafel: Weichtalklamm) und führt entlang des Baches in den schluchtartigen Graben. Immer der Markierung folgend erreicht man nach 20 Min. die ersten Versicherungen. Nun durch zahlreiche, nicht wasserführende Klammen über Eisenleitern und kleinere Felshindernisse immer gut bezeichnet bis zu einer Forststraße; $1\frac{1}{4}$ Std. ab Weichtalhaus (hier kann man die Wanderung auch abkürzen, indem man sich nach links wendet und bald den Ferd.-Mayr-Weg erreicht). Für den Weiterweg zur Kienthalerhütte überquert man die Forststraße und folgt der roten Markierung wieder in den Wald. Nun steil bergauf zur Hütte.
Der Abstieg erfolgt über die rote Markierung zurück zur Forststraße. Auf dieser nach rechts, bis nach links der Ferd.-Mayr-Weg in den Wald abzweigt (Tafel). Nun über diesen steil, oft in Kehren, bergab zurück zum Ausgangspunkt.

Besonderheiten in der Umgebung

- Wasserleitungsmuseum in Kaiserbrunn, geöffnet: 1. Mai bis 26. Okt., So und an Feiertagen,10–12 Uhr
- Schloß Gloggnitz
- geheiztes Freibad in Gloggnitz

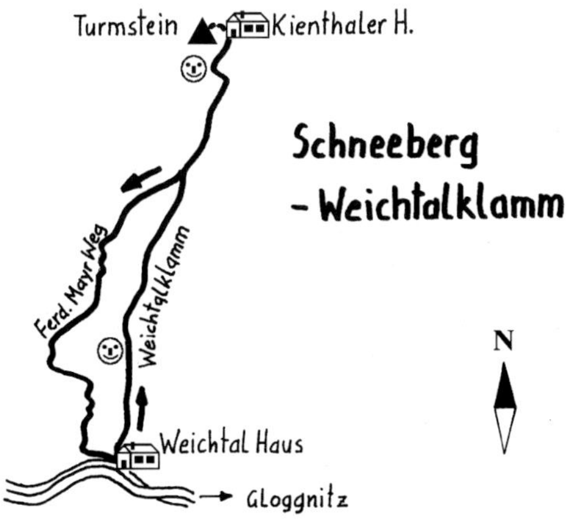

38 SCHNEEBERG – WAXRIEGEL *Gehzeit:* 1 Std. /

Mit der alten Zahnradbahn auf den Schneeberg

Alter: ab 4 Jahre

Ausgangspunkt: Puchberg am Schneeberg

Bahnverbindung: Regionalzug von Wiener Neustadt nach Puchberg/Schneeberg

Wegverlauf: Puchberg/Schneeberg (590 m) – Bahnhof Hochschneeberg, Endstation der Zahnradbahn (1796 m) – Waxriegel (1888 m) – Damböckhaus (1810 m) – Bahnhof Hochschneeberg – Puchberg

Stützpunkt: Damböckhaus, ÖTK, bewirtschaftet Mitte Mai–Ende September

Was allen Spaß macht:
- Fahrt mit der Zahnradbahn
- große Wiese bei Damböckhaus

Karten: Freytag & Berndt, Hausberge-Atlas, 1:50 000
ÖK 50, Sonderblatt Schneeberg

Eine Fahrt mit der Zahnradbahn auf den Schneeberg begeistert sowohl Kinder als auch Erwachsene. Fauchend und schnaubend müht sich die Dampflokomotive steil bergauf, zum Schluß sogar durch einige Tunnel, bis nach $1^1/_2$stündiger Fahrt schließlich die Endstation erreicht wird.
Langsam fährt die Bahn, und angeblich gab es bereits Leute, die versuchten, mit der Lokomotive um die Wette zu laufen. In jenen Fällen siegte aber doch immer die Technik.
Die Zahnradbahn wurde 1897 nach nur 22monatiger Bauzeit eröffnet. Die meiste Arbeit mußte damals noch händisch verrichtet werden. Bei einer durchschnittlichen Reisegeschwindigkeit von 10 km/h werden für eine Fahrt (9,7 km) etwa 600 kg Kohle und 4–4,5 m^3 Wasser verbraucht (das entspricht 16 gefüllten Badewannen). Da so viel Wasser verbraucht wird, muß nach etwa der halben Strecke, bei der Haltestelle Baumgartner, nachgetankt werden. Hier gibt es auch riesige Buchteln (eine köstliche Germteigspezialität) zur Stärkung der Fahrgäste. Die Zahnradbahn verkehrt zwischen 1. Mai und 31. Oktober. Es ist ratsam, sich rechtzeitig Platzkarten zu sichern (Information unter der Tel.-Nr. 0 26 36 / 22 25-0).
Von der Endstation Hotel Hochschneeberg kann man leicht den Gipfel des Waxriegels mit seinem großen Gipfelkreuz besteigen.

Das Damböckhaus auf den großen Wiesen eignet sich gut für eine Mittagsrast. Zurück zum Bahnhof geht es auf einem ebenen, breiten Schotterweg. Mit der Zahnradbahn fahren wir wieder hinunter ins Tal.
Puchberg erreicht man von Wien aus auch am besten mit der Bahn, so kann man sich dann gleich in Wien die Fahrkarte für die Zahnradbahn lösen.

Wegverlauf

Mit der Zahnradbahn ab Bahnhof Puchberg/Schneeberg bis zur Endstation Hotel Hochschneeberg. Nun gleich hinter dem Bahnhofsgebäude nach rechts auf rot bezeichnetem Weg mäßig steil bergauf. In einigen Kehren über Wiesen erreicht man nach 20 Min. den Gipfel des Waxriegels (hier großes Gipfelkreuz, schöner Ausblick über die Hochfläche des Schneebergs und zu den nördlichen Wiener Hausbergen). Nun bergab über Wiesen zu dem bereits gut sichtbaren Damböckhaus (15 Min.). Der Rückweg führt auf dem breiten Schotterweg, rot bezeichnet, fast eben um den Waxriegel herum zurück zum Bahnhof Hochschneeberg.

Besonderheiten in der Umgebung

- Burgruine Buchberg, in Puchberg, wahrscheinlich erbaut im 13. Jh., verfällt seit Mitte des 16. Jh.
- Kurpark mit Teich und Schwänen in Puchberg
- Schneebergmuseum in Puchberg

Schneeberg - Waxriegel

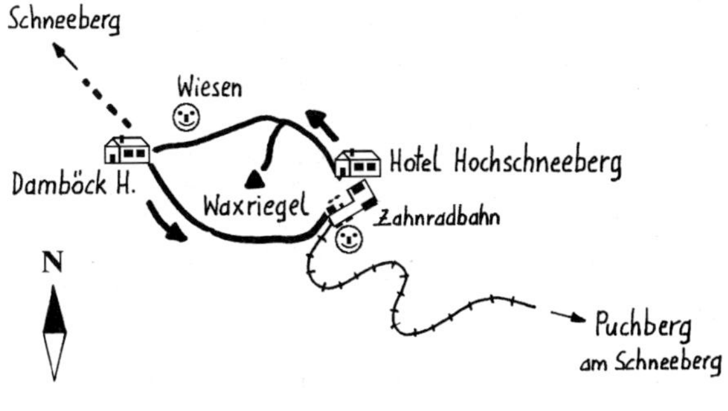

Die Raxseilbahn (Tour 39)

Der Almgraben auf der Schneealpe (Tour 41)

Aufstieg zur Falkensteinerhöhle (Tour 42)

39 RAX – JAKOBSKOGEL *Gehzeit:* 2 Std. /

Mit der Seilbahn auf das Raxplateau

Alter: ab 4 Jahre

Ausgangspunkt: Talstation Raxseilbahn am Ortsende von Hirschwang a. d. Rax

Busverbindung: Bundesbus von Payerbach-Reichenau-Bahnhof bis Haltestelle Hirschwang-Raxbahn

Wegverlauf: Raxseilbahn Bergstation (1547 m) – Otto-Schutzhaus – Jakobskogel (1737 m) – Bergstation Raxbahn

Stützpunkt: Otto-Schutzhaus (1644 m), ÖAV/Sektion Reichenau, bewirtschaftet von April–Anfang November

Was allen Spaß macht:
- Raxseilbahn (verkehrt ganzjährig)
- große Wiese um Otto-Schutzhaus

Karten: Freytag & Berndt, Hausberge-Atlas, 1:50 000

Die Rax ist schon ein „alpiner" Gipfel der Wiener Hausberge: Die Aufstiege sind meist recht lang, und auch zahlreiche Klettersteige führen auf die Hochfläche. Die Seilbahn nimmt uns 1000 Höhenmeter Aufstieg ab und ist sowohl für Kinder als auch für Erwachsene ein Erlebnis. Der breite Weg zum Otto-Schutzhaus führt stellenweise durch Kriechföhren (Latschen), jene Vegetationsart, die für die höheren Lagen des verkarsteten Kalkgebirges so typisch ist. (Karst: wasserlösliche Gesteinsformen, z. B. Kalk, Gips, Dolomit, werden durch Regen und Grundwasser ausgelaugt. Typisch für diese Landschaftsform: Höhlen, Dolinen, das sind große trichterförmige Bodenvertiefungen, unterirdische Wasserläufe. Das Regenwasser versickert sofort in dem durchlässigen Gestein und tritt erst wieder viel tiefer, wenn es auf wasserundurchlässige Gesteinsschichten trifft, als oft sehr mächtige Quelle zutage.)
Der Jakobskogel ist eine vielbesuchte Plateaukuppe der Rax , und stellt er auch nicht den höchsten Gipfel der Hochfläche dar, so besitzt er doch ein schönes Gipfelkreuz. Wir besteigen also fast einen „richtigen" Gipfel.
Diese Wanderung kann man, je nach Kondition, auch noch ausdehnen: Man wandert zur Höllentalaussicht – einer Aussichtskanzel über dem Großen Höllental.

Interessant ist auch ein Besuch des Wasserleitungsmuseums in Kaiserbrunn. Hier wird ein Überblick über die Geschichte der 1. Wiener Hochquellenwasserleitung gegeben; sie wurde 1873 in Betrieb genommen. Seit dieser Zeit fließen in dieser 120 km langen Fernleitung täglich 200 Millionen Liter hochwertiges Quellwasser. Diese 1. Hochquellenwasserleitung deckt damit 40% des Wasserbedarfs der Wiener. Um die Qualität des Trinkwassers zu schützen, wurde das gesamte Rax-Schneeberg-Schneealpen-Massiv zum Wasserschutzgebiet erklärt.

Wegverlauf

Von der Bergstation der Raxbahn folgt man der roten Markierung (Tafel) in Richtung Otto-Schutzhaus. Zuerst führt der Weg sanft ansteigend in den Wald, bald über große Kehren auf die Hochfläche zu einer großen Wegkreuzung (Praterstern genannt). Hier nun nach links auf breitem Schotterweg bis zum Otto-Schutzhaus.
Der Jakobskogel ist schon von der Hütte aus zu sehen. Auf Steigspuren über den mit Latschen bewachsenen Wiesenhang mäßig steil und unbezeichnet zum Gipfel.
Der Abstieg erfolgt über denselben Weg zurück zur Bergstation.

Variante: Beim Praterstern folgt man dem Wegweiser auf blauer Markierung zur Höllentalaussicht (25 Min. ab Praterstern).

Besonderheiten in der Umgebung

- Wasserleitungsmuseum in Kaiserbrunn, geöffnet: 1. Mai bis 26. Okt., sonn- und feiertags 10–12 Uhr
- Schloß Gloggnitz
- geheiztes Freibad in Gloggnitz

40 RAX – HEUKUPPE

Gehzeit: 4 Std./

Durch die Raxenmäuer auf den höchsten Punkt der Rax

Alter: ab 7 Jahre

Ausgangspunkt: Preiner Gscheid

Busverbindung: Bundesbus von Payerbach-Reichenau-Bahnhof bis Preiner Gscheid

→ *Wegverlauf:* Preiner Gscheid (1070 m) – Raxenmäuersteig – Karl-Ludwig-Haus (1804 m) – Heukuppe (2007 m) – Schlangenweg – Preiner Gscheid

Stützpunkt: Karl-Ludwig-Haus, ÖTK, ganzjährig bewirtschaftet

Was allen Spaß macht:
- einfache Kletterei über kleine Felsstufen
- zahlreiche Gemsen
- Gipfel mit Steinmonument

Karten: Freytag & Berndt, Hausberge-Atlas, 1:50 000
ÖK 50, Sonderblatt Schneeberg und Rax

Der abwechslungsreiche Anstieg auf den höchsten Punkt des Raxplateaus beginnt am Preiner Gscheid. Über diese 1070 m hohe Paßhöhe verläuft die Landesgrenze zwischen Niederösterreich und der Steiermark, auch bildet sie eine Wasserscheide. Auf diesem schon seit Jahrhunderten wichtigen Übergang steht eine Steinsäule. Darauf findet man eine geheimnisvolle Inschrift: 1654, Protege Defende (Schütze, wehre ab!), BAZN. Viele haben hier schon gerätselt, was wohl der Sinn dieses Wortes sei. BAZN ist ein barockes Monogramm und steht für B(althasar) A(bt) z(u) N(euberg). Abt Balthasar vom Kloster Neuberg hat diese Säule hier errichten lassen.

Der Anstieg zum Karl-Ludwig-Haus führt zuerst über Wiesen und durch Nadelwald entlang eines kleinen Baches, später dann durch Latschen (Kriechföhren) und schließlich durch Schrofengelände (felsdurchsetzte Grashänge). Hier muß man auch schon manchmal die Hände zu Hilfe nehmen.

Das Karl-Ludwig-Haus steht am Rand der großen Hochfläche des Raxplateaus mit schönem Blick auf die imposante Preiner Wand, durch deren große Platte zahlreiche Klettersteige führen.

Den Gipfel besteigt man über sanft geneigte Wiesenhänge; ein großes Schneefeld hält sich hier bis in den Frühsommer. Man kann

bei dieser Wanderung daher oft sogar noch im Mai und Juni Schneemänner bauen.
Auf dem Gipfel befindet sich anstelle eines Kreuzes ein großes Steinmonument. Den Schlangenweg, der sich in zahlreichen Kehren – eben wie eine Schlange – windet, nehmen wir als Abstiegsweg: Über Geröll und Wiesen erreichen wir wieder den Ausgangspunkt.

Wegverlauf

Ausgangspunkt ist das Preiner Gscheid. Man folgt der gelben Markierung (Wegweiser: Reißtaler Steig, Heukuppe, Karl-Ludwig-Haus). Nach einer Stunde zweigen nach rechts der Kontrußsteig (rot) und der Raxenmäuersteig (blau) ab. Kurz danach Weggabelung, wobei man links dem Raxenmäuersteig folgt. Nun schräg den Hang bergauf bis unter die Raxenmäuer. Nach einer kurzen Steilstufe (Drahtseil) erreicht man die rote Markierung, der man zum Karl-Ludwig-Haus folgt. Ab hier auf roter Markierung über freie Wiesenhänge zur Heukuppe (45 Min.). Zurück zum Karl-Ludwig-Haus, und anschließend auf dem Schlangenweg (rot markiert) zuerst in Kehren, dann über Wiesen zurück zum Preiner Gscheid.

Besonderheiten in der Umgebung

- Wasserleitungsmuseum in Kaiserbrunn, geöffnet: 1. Mai bis 26. Okt., sonn- und feiertags 10–12 Uhr
- Schloß Gloggnitz
- geheiztes Freibad in Gloggnitz

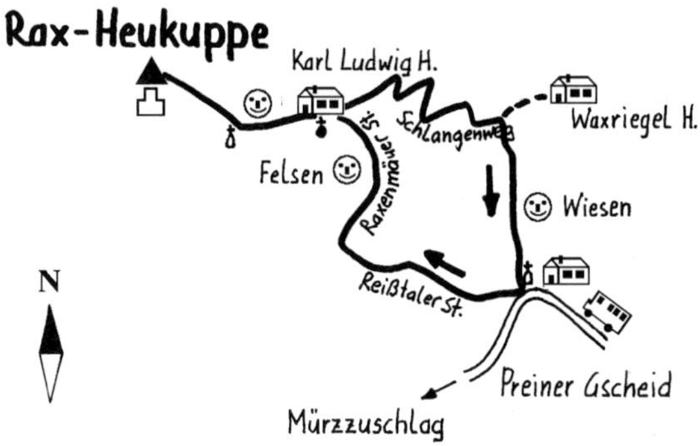

41 SCHNEEALPE

Gehzeit: 6 Std. /

Zweitagestour im alpinen Gelände

Alter: ab 7 Jahre

Ausgangspunkt: Altenberg an der Rax, Beginn des Lohmgrabens

Der Ausgangspunkt ist mit öffentlichen Verkehrsmitteln nur schlecht erreichbar

→ *Wegverlauf:* Parkplatz am Beginn der Lohmgrabenstraße (924 m) – Lohmgraben – Schneealpen-Haus (1782 m) – Windberg (1903 m) – Nolltal – Almgraben – Lohmgraben – Ausgangspunkt

Stützpunkt: Schneealpen-Haus ÖAV/S. ÖGV, April–November bewirtschaftet; Rinnhoferhütte, priv., in den Sommermonaten bewirtschaftet

Was allen Spaß macht: • abwechslungsreicher Auf- und Abstieg; • Hüttenübernachtung • Gipfel mit Gipfelkreuz

Karten: Freytag & Berndt, Hausberge-Atlas, 1:50 000
ÖK 50, Bl. 104

Die Schneealpe gehört, wie der Schneeberg und die Rax, zu den „klassischen" Hausbergen der Wiener.
Wir planen unsere Wanderung zum Gipfel der Schneealpe, den Windberg, als Zweitagesunternehmung. Am ersten Tag erreichen wir durch den Lohmgraben das Schneealpen-Haus. Der Anstieg erfordert schon einige Ausdauer, ist aber besonders im oberen Teil sehr abwechslungsreich. Die kleinen Felsstufen erfordern von Kindern hier bereits leichte Kletterei. Wenn man das Schneealpen-Haus als Tagesziel wählt, kann man den Rest des Tages mit Spazierengehen und Spielen auf den weiten Almwiesen verbringen. Eine Hüttenübernachtung in dieser freundlichen Alpenvereinshütte ist nicht nur für Kinder ein nettes Erlebnis. Am nächsten Tag wandern wir gemütlich an den Almhütten auf der Rinnhoferalm vorbei zum 1903 m hohen Windberg, der seinen Namen nicht zu unrecht trägt.
Der Abstieg führt durch den Almgraben stellenweise eng an schroffen Felswänden vorbei. Bald ist wieder der Lohmgraben erreicht, der uns zum Ausgangspunkt zurückführt.
Bei starkem Nebel ist von einer Besteigung des Windberges abzuraten, da man sich bei schlechter Sicht auf der Hochfläche leicht verirrt.
Wenn einem noch Zeit bleibt, sollte man unbedingt den nahegelegenen Ort Neuberg an der Mürz besuchen. Hier befindet sich in den

Räumen des ehemaligen Stiftes ein Naturmuseum mit zahlreichen Tierpräparaten aus aller Welt.

Wegverlauf

Ausgangspunkt ist der Parkplatz am Beginn der Lohmgrabenstraße, knapp oberhalb des Lurgbauers in Altenberg an der Rax. Zuerst die Forststraße entlang auf roter Markierung bis zum Beginn des Lohmgrabens. Hier nun auf steilem Waldweg in Serpentinen bis zur Abzweigung des Weges durch den Almgraben zur Lurgbauer Hütte. Nun nach links steil in den Blarergraben und stellenweise über kleine Felsstufen auf die Hochfläche. Bei einem Wegweiser wieder nach links zum Schneealpen-Haus, das in wenigen Minuten erreicht wird.
Der Weg auf den Windberg ist rot bezeichnet und führt vorbei an den Almhütten auf der Rinnhoferalm. Vom Gipfel wieder zurück auf gleichem Weg zur Rinnhoferalm. Hier folgt man der gelben Markierung in Richtung Lurgbauer Hütte bis zu einer Forststraße (rot markiert). Auf dieser nach links bis zur Abzweigung des Almgrabens (hier auch Rastbank). Durch diesen bergab und weiter durch den Lohmgraben zurück zum Ausgangspunkt.

Besonderheiten in der Umgebung

- Öko-Lehrpfad in Altenberg an der Rax
- Stift Neuberg an der Mürz: ehemalige Zisterzienserabtei aus dem 14. Jh. Beherbergt heute ein Jagdmuseum und ein Naturmuseum. Öffnungszeiten: Mai–Okt. tgl. 9–17 Uhr

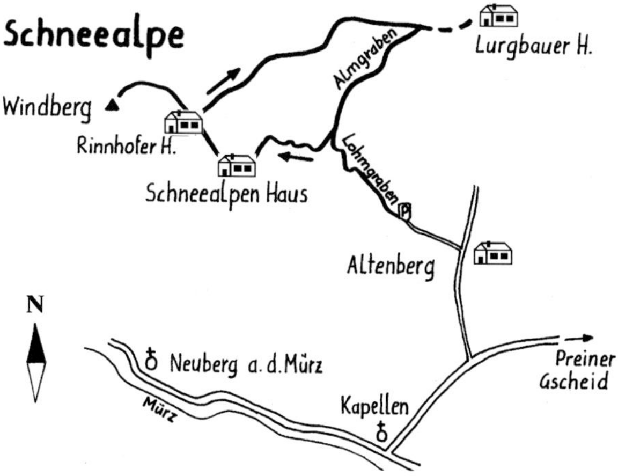

42 LUCKETE WAND

Gehzeit: 2,5 Std. /

Besteigung eines „durchlöcherten“ Gipfels

Alter: ab 5 Jahre

Ausgangspunkt: Orthof an der Straße von Breitenstein nach Adlitzgraben

Der Ausgangspunkt ist mit öffentlichen Verkehrsmitteln nur schlecht erreichbar

→ *Wegverlauf:* Ausgangspunkt an der Straße (900 m) – Falkensteiner Höhle – Gaißkirchl (930 m) – Luckete Wand (1128 m) – Ausgangspunkt

Stützpunkt: keiner

Was allen Spaß macht:
- Falkensteinerhöhle
- große Wildfütterungsstelle
- Gipfelfelsen mit Durchgangshöhle

Karten: Freytag & Berndt WK 022, 1:50 000

Mögen Sie Emmentaler Käse? Der Gipfelfelsen der Lucketen Wand ist ein versteinertes Abbild dieses löchrigen Käses. Genießt man die Gipfelrast mit dem herrlichen Ausblick zu Schneeberg, Rax, Schneealpe und Veitsch, so ahnt man gar nicht, wie viele Löcher und Nischen sich im Felsen unter einem befinden: Man muß ein Stück absteigen, um den Gipfel durch eine kleine Durchgangshöhle mit Holzleiter zu durchqueren und anschließend sogar noch zu umrunden. Aber schon der Beginn unserer Wanderung ist sehr interessant. Zuerst geht es vorbei an überhängenden Felsen, die in letzter Zeit ein beliebtes Ziel von Sportkletterern wurden. Bald danach erreicht man die Falkensteiner Höhle. Man gelangt über ein Holzgerüst mit Treppen zum imposanten Höhleneingang. Weitere Besonderheiten beim Aufstieg sind die tiefe Felsnische des Gaißkirchls und eine große Wildfütterungsstelle.

Wegverlauf

Folgt man der Straße durch die Adlitzgräben von Schottwien in Richtung Orthof, so kommt man zu einer scharfen Rechtskurve (von hier zweigt die Thalhof-Forststraße ab). 500 m nach der Kehre, unterhalb überhängender Felsen, ist unser Ausgangspunkt (rot-grün bezeichnet, Tafel: Falkensteiner Höhle). Das Auto sollte man aber hier nicht parken, da diese Felsen zu einem beliebten

Klettergarten gehören (Parkplatz 200 m oberhalb in der nächsten Linkskurve). Man folgt der rot-grünen Markierung, bis man die Abzweigung zur Höhle erreicht (rot bezeichnet, Tafel). Nun unmittelbar an den Felsen entlang zu einer großen Holztreppe und über diese auf einen großen Felsbalkon zwischen den beiden Eingängen der Höhle. Anschließend wieder zurück zur Abzweigung auf den rot-grün markierten Weg, in einigen Kehren zum Gaißkirchl und dann weiter durch den Wald bis zu einer großen Wegkreuzung. Hier folgt man dem Wegweiser „Luckete Wand", grün bezeichnet, auf der Forststraße bis zu einer großen Wildfütterungsstelle. Nach 5 Min. auf der Forststraße Abzweigung eines schmalen Weges nach links (Tafel) und nun mäßig steil in den Wald. Nach weiteren 5 Min. wendet sich der Weg wieder scharf nach links in den dichten Wald (hier stellenweise schlecht markiert!) und anschließend durch Jungwald auf den Kamm. Über diesen zum Gipfel.
Nach der Gipfelrast geht man 10 m zurück zur Abzweigung der roten Markierung und auf dieser bergab zum Fuß des Gipfelfelsens (Durchgangshöhle). Der Abstieg erfolgt wie der Aufstieg.

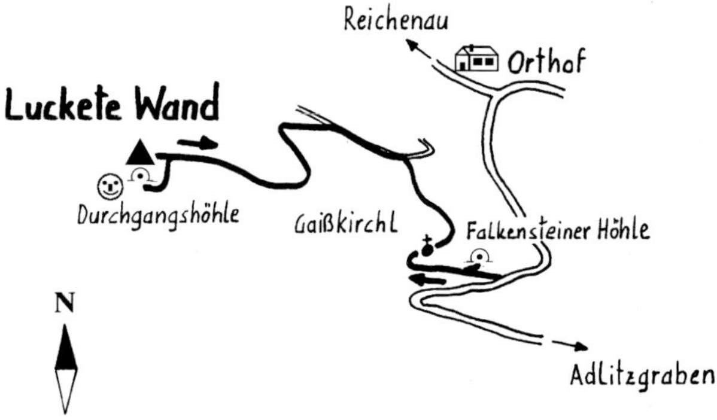

43 TÜRKENSTURZ

Gehzeit: 2,5 Std. /

Felswand mit schauriger Geschichte

Alter: ab 4 Jahre
Ausgangspunkt: Gleißenfeld im Pittental
Bahnverbindung: Regionalzug von Wiener Neustadt nach Gleißenfeld
Wegverlauf: Gleißenfeld (400 m) – Ruine Türkensturz (610 m) – Bergschloß Seebenstein (456 m) – Sollgraben (528 m) – Gleißenfeld
Stützpunkt: keiner
Was allen Spaß macht:
- Ruine Türkensturz
- Bergschloß Seebenstein mit großer Wiese

Karten: ÖK 50, Bl. 106

Der Türkensturz ist eine 120 m hohe Felswand über dem Pittental. Viele Legenden ranken sich um die Entstehung dieses Namens: Angeblich sollen hier Bauern eine Anzahl Türken, die zur Zeit der Türkenkriege die umliegenden Dörfer belagerten, in einen Hinterhalt gelockt und sie dann über die Felswand in die Tiefe gestürzt haben. Die künstliche Ruine, die heute am Abgrund steht, wurde von Fürst Johann I. von Liechtenstein im Jahr 1826 errichtet.
Das Schloß Seebenstein, heute ein beeindruckender Bau, wurde erstmals 1170 erwähnt. Erbaut wurde die ehemalige Burg aber wahrscheinlich schon fast 100 Jahre früher. Im 15. Jh. wurde sie erweitert, und während der Türkenkriege bot sie Hunderten Menschen Zuflucht. Ort und Burg Seebenstein blieben damals aber verschont. 1788 wurde das Bauwerk von einem jungen Zahlmeister der Wiener Neustädter Akademie gepachtet, der hier den „Wildensteiner Ritterklub auf blauer Erde" gründete. Die Mitglieder dieses Vereins veranstalteten hier Turniere, Gelage und Jagdzüge. Schließlich erwarb Johann I. von Liechtenstein die Burg, ließ den Wohntrakt fürstlich zu einem Schloß ausbauen und die noch intakten Teile abtragen. Er schwärmte ja für künstliche Ruinen! Heute kann man in dieser Burg mit Zugbrücke, Toren und Wasserspeichern die Fürstenzimmer mit Möbeln und interessanten Gegenständen besichtigen, ferner die Burgkapelle und den Burghof. Geöffnet ist die Burg vom 1. April–1. Nov.; Di, Mi, Do, So und an Feiertagen, Führungen um 9, 10, 11, 14, 15, 16 Uhr ab 5 Personen. Anmeldung unter Tel.-Nr.: (0 26 27) 73 28

Wegverlauf

Ausgangspunkt ist die Abzweigung der grünen Markierung an der Straße von Gleißenfeld nach Sollgraben, kurz vor dem Ortsendeschild (hier Tafel: Türkensturz 45 Min.). Auf breitem Waldweg steil bergauf, bis man eine Forststraße erreicht. Nun beim Wegweiser nach links, weiter auf der grünen Markierung bis zu einer Unterstandshütte (darin befindet sich eine Tafel mit der Geschichte der Ruine Türkensturz). Von hier nach links und in wenigen Minuten zur Ruine. Auf demselben Weg zurück bis zur Abzweigung und nun geradeaus weiter (Wegweiser: Seebenstein 1 Std.), grün bezeichnet, bis man nach 100 m zu einer Weggabelung gelangt. Hier nach rechts bis zur Abzweigung des Weges nach Sollgraben. Jetzt auf der roten Markierung weiter auf der Forststraße bis zum Bergschloß Seebenstein. Vor dem Schloß große Wiese! Der Rückweg erfolgt auf demselben Weg bis zur Abzweigung des Weges nach Sollgraben. Auf diesem am oberen Rand einer großen Wiese entlang bis zur Abzweigung nach Gleißenfeld. In 5 Min. erreicht man Sollgraben, und nun entlang an Wiesen bergab bis zur Straße nach Gleißenfeld und auf dieser zum Ausgangspunkt.

Besonderheiten in der Umgebung

- Waldlehrpfad, am südlichen Ortsrand von Seebenstein beim Meierhof
- Heimatmuseum im „Waldhaus“ in Seebenstein, geöffnet: Mai–Sept.; Sa 14–16 Uhr, So und an Feiertagen 10–12 Uhr
- geheiztes Freibad in Seebenstein

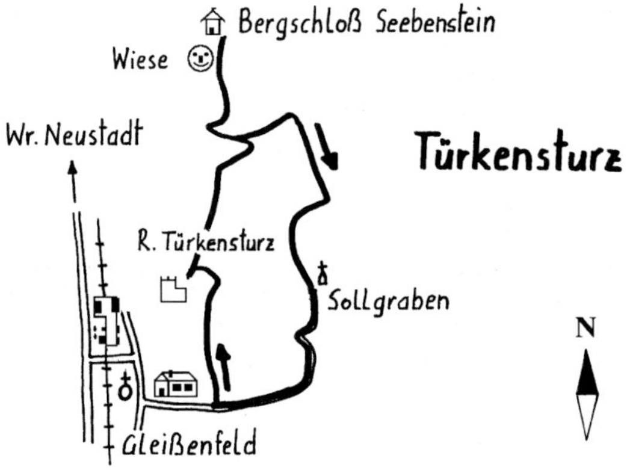

44 HERMANNSHÖHLE

Gehzeit: 1 Std. /

Zur größten Schauhöhle Niederösterreichs

Alter: ab 4 Jahre

Ausgangspunkt: Parkplatz Hermannshöhle an der Straße von Kirchberg/Wechsel nach Rams

Busverbindung: Bundesbus von Gloggnitz nach Kirchberg/Wechsel bis Haltestelle Hermannshöhle

→ *Wegverlauf:* Parkplatz – Hermannshöhle – Parkplatz

Stützpunkt: keiner

Was allen Spaß macht: große Tropfsteinhöhle mit interessanter Führung

Karten: Freytag & Berndt, Bl. 422
ÖK 50, Bl. 105

Die Hermannshöhle ist die größte Schauhöhle Niederösterreichs und die drittgrößte Höhle dieses Bundeslandes (die größte Höhle ist das Taubenloch-Geldloch in den Südhängen des Ötschers). Sie liegt bei Kirchberg am Wechsel in den Hängen des Eulenbergs. Die Höhle wurde 1783 erstmals urkundlich erwähnt, 1843 begann Hermann Steiger, Verwalter der Burg Feistritz, größtenteils allein mit der Erschließungsarbeit. Nach ihm wurde die Höhle schließlich benannt. Sie ist im Rahmen von Führungen zugänglich; von den bisher erforschten 4 Kilometern Ganglänge sind rund 350 Meter erschlossen und beleuchtet. Nach älteren Plänen weist die Höhle eine Gesamtlänge von 6 km auf, doch wurden in den sechziger Jahren des 19. Jahrhunderts durch Sinterabbau (man verwendete den Sinter zur Sodaerzeugung) etliche Gänge verschüttet. Entlang des Führungsweges sind schöne Tropfsteinbildungen zu sehen; die schönsten Tropfsteingebilde liegen aber abseits in den schwer zugänglichen Seitenstrecken und blieben daher vom industriellen Abbau verschont.
In der Hermannshöhle überwintern mehrere hundert Fledermäuse (bis jetzt wurden 15 verschiedene Arten registriert), die regelmäßig seit über zwanzig Jahren gezählt und beringt werden. Diese kleinen Säugetiere sind aber immer mehr durch unseren bedenkenlosen Umgang mit der Natur gefährdet. Pestizide und Insektizide, die sie mit ihrer Nahrung aufnehmen (eine Fledermaus frißt an einem Abend 2000–4000 Insekten), sind für diese empfindlichen Tiere tödlich (die Insekten sind gegen die Gifte bereits immun).
Eine Höhlenbesichtigung nimmt eine Stunde in Anspruch. Warme

Kleidung nicht vergessen! Die konstante Höhlentemperatur beträgt nur 7° C, bei einer Luftfeuchtigkeit von fast 100%.
Geöffnet ist die Höhle von Ende März bis Anfang November, und zwar vom 1. Mai bis 30. September täglich, sonst an Wochenenden, von 9–17 Uhr. Um 9.30, 11, 13.30, 15, 16.30 Uhr finden bei Lösung von mindestens 5 Eintrittskarten Führungen (Normalroute) statt. Weitere Führungen nach Bedarf. Telefonische Anmeldungen: (0 26 41) 28 59 od. (0 222) 882 86 13.

Wegverlauf

Ausgangspunkt ist der Parkplatz zur Hermannshöhle, 500 m nach Kirchberg am Wechsel, an der Straße zum Ramssattel. Vom Parkplatz folgt man dem breiten Waldweg über Stufen bis zum Kiosk vor dem Eingang der Hermmanshöhle. Der Ausgang der Höhle liegt einige Meter über dem Eingang. Man geht über einen schönen Waldweg und durch einen kleinen Felstunnel zurück zum Parkplatz.

Besonderheiten in der Umgebung

- 1000jährige Linde im Ortszentrum von Kirchberg/Wechsel
- Dokumentationszentrum über Ludwig Wittgenstein in Kirchberg/Wechsel
- Wildgehege in Kirchberg/Wechsel
- Freibad in Kirchberg/Wechsel
- Waldlehrpfad in Feistritz
- Sommerrodelbahn in St. Corona

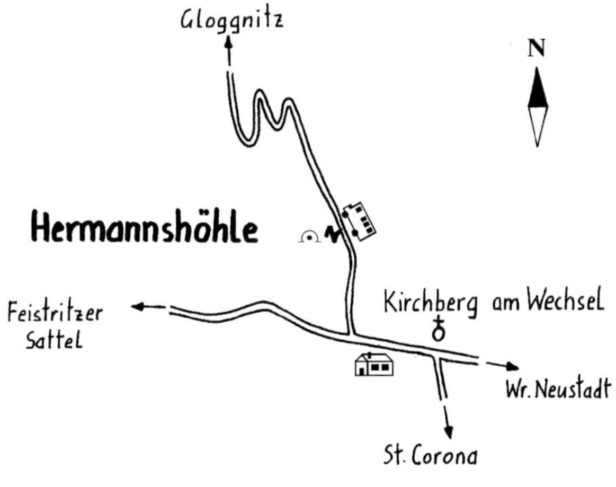

Hermannshöhle (Tour 44)

Die Sommerrodelbahn bei St. Corona (Tour 45)

45 KAMPSTEIN – SOMMERRODELBAHN

Gehzeit: 2 Std. /

Rodeln kann man nicht nur im Winter

Alter: ab 5 Jahre

Ausgangspunkt: St. Corona am Wechsel

Busverbindung: Von Wien-Mitte bis St. Corona/Wechsel oder: von Aspang-Markt Bahnhof nach Kirchberg/Wechsel bis Haltestelle St. Corona-Sessellift

→ *Wegverlauf:* St. Corona/Wechsel – Sessellift – Almrauschhütte (1216 m) – Kampsteiner Schwaig – Kampstein (1467 m) – Herrgottschnitzerhaus (1318 m) – Sommerrodelbahn – St. Corona

Stützpunkt: Almrauschhütte bei Sesselliftbergstation Kampsteiner Schwaig
Herrgottschnitzerhaus

Was allen Spaß macht: Sommerrodelbahn

Karten: Freytag & Berndt, Hausberge-Atlas, 1:50 000
ÖK 50, Bl. 105

Die Sommerrodelbahn in St. Corona am Wechsel ist ein ganz besonderes Erlebnis für Kinder und Erwachsene. Man fährt mit einem Plastikbob, an dessen Unterseite Räder angebracht sind, über eine 830 Meter lange Strecke ins Tal. Die Rodelbahn führt in vielen Kurven durch einige Tunnel – abwechselnd steiler und flacher – und ist auch schon von 6jährigen problemlos zu bewältigen. Die Wanderung beginnt mit einer Fahrt mit dem Sessellift bis zur Bergstation. Von dort wandern wir zur Kampsteiner Schwaig. Auf diesem Weg kommen wir am Antrittstein vorbei: Hier soll der heilige Peter seine Axt geworfen haben, um dort, wo sie in einem Baum stecken blieb, eine Kirche zu bauen – die heutige Kirche in St. Peter. Bei diesem Wurf stemmte er seine Beine so fest auf einen Stein, daß man noch heute seine Fußabdrücke erkennen kann.
Auf der riesigen Weidefläche der Kampsteiner Schwaig liegen zwei große Gneis-Quarz-Steine, die man gut erklettern kann. Die große Wiese bietet sich zum Herumtollen und an schönen Tagen zum Sonnen an.
Aber auch ein Gipfel wird bei dieser Wanderung bestiegen: der Kampstein. Sein Gipfelkreuz steht auf Urgesteinsblöcken, die von den Kindern leicht zu besteigen sind.

Entlang des Weges gibt es weitläufige Heidelbeerfelder; unternimmt man diese Wanderung daher Ende Juli, also zur Reifezeit der Heidelbeeren, dann wird sie auch zum kulinarischen Erlebnis. Zum Abschluß dieser Wanderung fahren wir mit der Rodel von der Mittelstation des Sessellifts zurück zur Talstation. Kleinere Kinder können in der Rodel der Erwachsenen mitfahren (erlaubt ist es bis 8 Jahre).
Geöffnet ist die Sommerrodelbahn von Mai–Oktober, wochentags 9–16 Uhr, samstags, sonn- und feiertags 8.30–17 Uhr.

Wegverlauf

Ausgangspunkt ist die Talstation des Sessellifts in St. Corona. Mit dem Sessellift bis zur Bergstation. Von hier nach rechts auf dem rot markierten breiten Waldweg bis zu einer Wegkreuzung. Hier folgt man der roten und blauen Markierung, vorbei am Antrittstein, bis zur Kampsteiner Schwaig ($^1/_2$ Stunde). Nun auf blauer Markierung über die große Wiese leicht ansteigend auf den Kampstein. Ab hier bergab zum Herrgottschnitzerhaus und nun wieder auf roter Markierung, den Wegweisern folgend, zur Bergstation des Sessellifts. Über die Schipiste bergab bis zur Mittelstation und von hier mit der Rodel zurück zum Ausgangspunkt.

Besonderheiten in der Umgebung

- Hermannshöhle
- Freibad, Wildgehege in Kirchberg/Wechsel

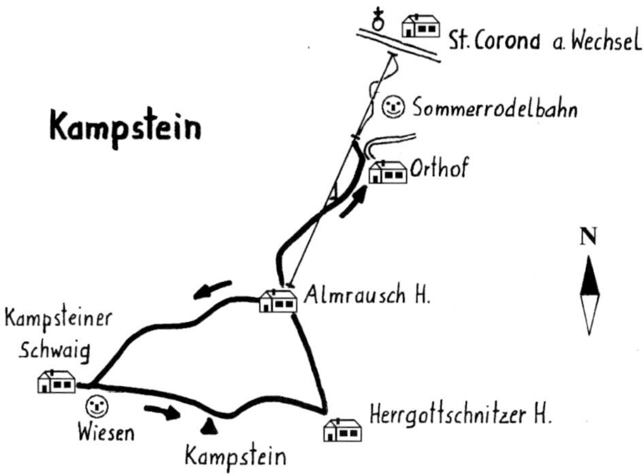

46 HOCHWECHSEL

Gehzeit: 6 Std. /

Zweitagestour im alpinen Gelände

Alter: ab 6 Jahre

Ausgangspunkt: Mariensee

Busverbindung: Bundesbus von Wien-Mitte bis Mariensee-Almbauer
oder: Bundesbus ab Aspang-Bahnhof bis Mariensee-Almbauer

Wegverlauf: Mariensee (815 m) – Marienseer Schwaig (1478 m) – Hochwechsel, Wetterkogler-Haus (1743 m) – Niederwechsel (1669 m) – Hallerhaus (1350 m) – Mönichkirchner Schwaig (1174 m) – Mariensee

Stützpunkt: Wetterkogler-Haus, ÖAV/Sektion ÖGV, Mai–Okt. bewirtschaftet, 13 Betten, 42 Lager; Hallerhaus, privat, ganzjährig bewirtschaftet; Hütten auf der Marienseer und der Mönichkirchner Schwaig

Was allen Spaß macht:
- große Almwiesen
- Übernachtung auf einer Schutzhütte

Karten: Freytag & Berndt, Hausberge-Atlas, 1:50 000
ÖK 50, Bl. 105

Der Wechsel ist ein mächtiger Gebirgsstock an der Grenze von Niederösterreich und der Steiermark. Das Gebiet des Wechsels ist dreimal so groß wie das Schneeberggebiet. Die höchste Erhebung ist der 1743 m hohe Hochwechsel. Typisch sind hier sanft ansteigende Hänge, Wald und Almwiesen. Größere Felspartien gibt es nur oberhalb der Baumgrenze im Gipfelbereich.

Viele Sagen sind in dieser schon so lang bewirtschafteten Landschaft entstanden. So soll es im Bereich des Hochwechsels besondere Pflanzen geben – die Irrwurzeln. Wehe dem, der darauf tritt: Jener ist dann wie an diesen Ort gebannt und geht stundenlang im Kreis. Ein Körnchen Wahrheit steckt in dieser Sage sicherlich: Gerade bei Nebel und Schlechtwetter ist auf dem breiten Kamm des Wechsels größte Vorsicht geboten.

Unsere Wanderung sollte mit Kindern auf zwei Tage aufgeteilt werden. Das Wetterkogler-Haus eignet sich gut für eine Übernachtung. Eine Nacht auf einer Hütte zu verbringen ist gerade für Kinder ein besonderes Erlebnis, an das sie sich später einmal erinnern werden. Die erste Tagesetappe ist der Aufstieg zum Wetterkogler-Haus auf dem Hochwechsel. Schöne Almwiesen laden hier zum

Spielen und zum Spazierengehen ein. Am nächsten Tag geht es immer sanft absteigend über den Niederwechsel und die „Steinerne Stiege", ein felsdurchsetztes Steilstück, zum Hallerhaus. Der Weiterweg führt zur Mönichkirchner Schwaig und von dort durch Wald zurück zum Ausgangspunkt in Mariensee.

Wegverlauf

Ausgangspunkt ist das Ende der Straße in Mariensee. Man folgt der roten Markierung (Wegweiser) zuerst entlang eines Baches bis zu einer kleinen Brücke. Hier geht man nach links in Richtung Marienseer Schwaig über Wiesen, später durch Wald, bis zu einer Forststraße. Diese überquert man und gelangt bald zur Abzweigung des Schindlersteigs, der zwar nicht gut markiert, aber dennoch nicht zu verfehlen ist. Auf diesem Steig steil durch Wald bergauf, bis man wieder auf die rote Markierung trifft, und auf dieser weiter zur Marienseer Schwaig (1,5 Std.). Nun über freie Wiesenflächen (rote Markierung) zum Wetterkogler-Haus am Hochwechsel.
Am nächsten Tag Weiterweg auf der roten Markierung zum Niederwechsel und über die Steinerne Stiege zum Hallerhaus. Weiter steil bergab zur Marienseer Schwaig. Hier wendet man sich nach links und wandert auf der rot markierten Forststraße, vorbei am Gasthof Fernblick, zurück zum Ausgangspunkt in Mariensee.

Besonderheiten in der Umgebung

Automobilmuseum in Aspang/Wechsel, Marienplatz, geöffnet von Mai–Oktober; Sa 13–17 Uhr, So und an Feiertagen 9–12 und 14–17 Uhr, im Juli und Aug. wochentags tägl. 14–17 Uhr

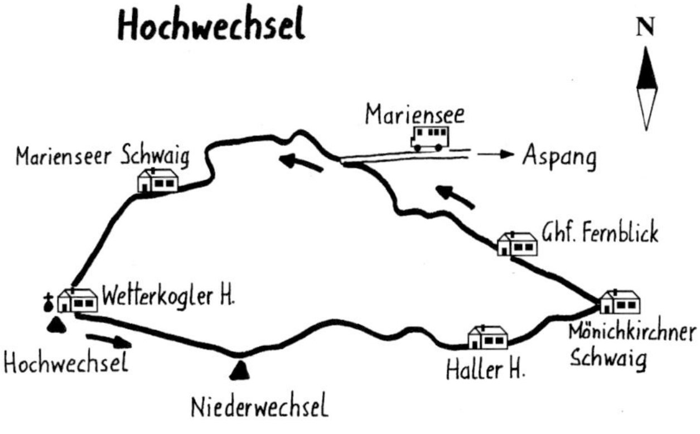

47 ARABICHL

Gehzeit: 2 Std.

Gemütliche Almwanderung zu einem kleinen See

Alter: ab 4 Jahre

Ausgangspunkt: Steyersberger Schwaig, oberhalb von Kirchberg/Wechsel

Busverbindung: Bundesbus von Aspang-Bahnhof und von Gloggnitz-Bahnhof über Kirchberg/Wechsel auf die Steyersberger Schwaig (verkehrt nur in den Sommermonaten, an Sonn- und Feiertagen)

➜ *Wegverlauf:* Steyersberger Schwaig (1367 m) – Arabichl (1595 m) – Kranichberger Schwaig – Steyersberger Schwaig

Stützpunkt: Gasthof auf der Steyersberger Schwaig
Kranichberger Schwaig, im Sommer bewirtschaftet

Was allen Spaß macht:
- große Almwiesen
- viele Heidelbeersträucher
- Almhütten
- kleiner See

Karten: Freytag & Berndt, Hausberge-Atlas, 1:50 000
ÖK 50, Bl. 105

Die Hochflächen am Wechsel werden schon seit Jahrhunderten für die Almwirtschaft genützt. Die Weideflächen sind genau begrenzt, die Besitzverhältnisse kann man gut an den Namen der Almen erkennen: Steyersberger Schwaig, Kranichberger Schwaig, Feistritzer Schwaig.

Auch heute werden die Almen noch bewirtschaftet, auf unserer Wanderung müssen wir daher mitunter auch zwischen weidenden Kühen hindurch. Für so manchen Stadtmenschen immer wieder ein besonderer Nervenkitzel.

Zum Ausgangspunkt unserer Wanderung auf der Steyersberger Schwaig führt eine schmale Straße, an deren Beginn (direkt an der Abzweigung) wir eine schon sehr seltene Sehenswürdigkeit bewundern können: eine alte Wassermühle, die auch heute noch benutzt wird. Der Bauer, dem sie gehört – sein Wohnhaus befindet sich auf der anderen Straßenseite – mahlt hier noch jedes Jahr sein Getreide für den Eigenbedarf. Das Wasser des Molzbaches treibt das riesige Mühlrad an. Wenn es jedoch nach dem Willen des Kraftwerksbesitzers oberhalb der Mühle gegangen wäre, hätte man den ganzen Bach zur Stromerzeugung abgeleitet. Jahrhundertealte Wasserrechte und ein mutiges, engagiertes Auftreten der Besitzer retteten diese Mühle.

Bei unserer Wanderung ist der höchste Punkt die kahle Kuppe des Arabichls, die wir auf einem sanft ansteigenden Weg erreichen. Über große Wiesen wandern wir weiter zur Kranichberger Schwaig. Hier steht eine schöne Almhütte, und unweit davon liegt ein kleiner See, um den man auf einem schmalen Pfad herumwandern kann.

Wegverlauf

Ausgangspunkt ist der Parkplatz auf der Steyersberger Schwaig. Man folgt der roten Markierung, vorbei am Schilift, anfangs auf einer Forststraße bis zu einer großen Rechtskurve. Hier Wegweiser nach rechts zur Kranichberger Schwaig. Wir gehen aber gerade weiter (roter Pfeil) in den Hochwald steil bergauf, entlang eines Weidezauns bis auf den Gipfel des Arabichls. Hier wendet man sich nach rechts (rot markiert) und wandert über die Wiese hinunter zu einer Forststaße (Wegweiser zur Kranichberger Schwaig). Jetzt nach rechts und nach wenigen Metern nach rechts auf einem schmalen Waldweg (rot markiert) bis zur Kranichberger Schwaig. Nun nach links in Richtung Feistritzer Sattel (Wegweiser an der Hüttenwand). Unmittelbar nach der Hütte kommt man zu einer Wegkreuzung. Hier folgt man der rechten Forststraße, bis nach wenigen Metern ein schmaler Weg abzweigt. Auf diesem zu dem kleinen Almsee. Zurück am gleichen Weg zur Kranichberger Schwaig und von hier auf der Forststraße zum Ausgangspunkt.

Besonderheiten in der Umgebung

- Wildgehege in Kirchberg/Wechsel
- geheiztes Freibad in Kirchberg/Wechsel

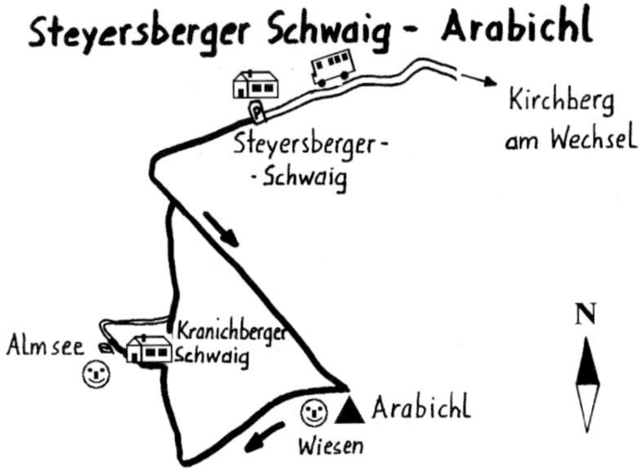

Blick über die Hochflächen des Hochwechsels (Tour 46)

Die Waldschule in Roseggers Waldheimat (Tour 48)

Blick vom Falkenstein hinunter nach Frankenfels (Tour 49)

In den Hinteren Tormäuern im Ötschergebiet (Tour 50)

48 ROSEGGERS WALDHEIMAT *Gehzeit:* 1,5 Std. /

Waldschule und Roseggers Geburtshaus

Alter: ab 5 Jahre

Ausgangspunkt: Alpl Waldschule

Busverbindung: Von Krieglach-Bahnhof bis Alpl-Postamt

Wegverlauf: Parkplatz Alpl (1000 m) – Waldlehrpfad – Roseggers Geburtshaus (1144 m) – Lentkreuz – Waldschule

Stützpunkt: Roseggers Geburtshaus

Was allen Spaß macht:
- Waldlehrpfad
- Roseggers Geburtshaus
- Waldschule

Karten: Freytag & Berndt WK 021, 1:50 000
ÖK 50, Bl. 104, 135

Peter Rosegger (1843–1918) zählt wohl zu den bedeutendsten österreichischen Heimatdichtern. Er wurde hier in der Waldheimat, auf dem Kluppenegger Hof, als Sohn eines armen Bergbauern geboren. Von etwas schwächlicher Konstitution, wurde er zu einem Wanderschneider in die Lehre gegeben und arbeitete mit diesem auf zahlreichen Höfen der Umgebung. So bekam der junge Rosegger viele Einblicke in das bäuerliche Leben, die er in seinen Erzählungen wiedergab. Seine schriftstellerische Laufbahn begann in Graz, wo ihm Gönner eine fundierte Schulbildung ermöglichten und er bald seine ersten Werke veröffentlichen konnte.
Heute kann man in der Waldheimat den gut erhaltenen Hof seiner Eltern besichtigen. Man sollte sich unbedingt die Innenräume des Wohnhauses ansehen, da hier viele interessante Gegenstände aus dem bäuerlichen Leben des vorigen Jahrhunderts ausgestellt sind. Man gewinnt so einen Eindruck, wie hart das Leben der Bergbauern zu Zeiten Roseggers gewesen sein muß.
Für den Aufstieg zum Geburtshaus wählen wir den Waldlehrpfad. Hier werden nicht nur verschiedene Baum- und Pflanzenarten erklärt, viele Informationstafeln erläutern auch die wirtschaftliche und ökologische Funktion des Waldes. Auf Bedrohungen und auf Schäden des Waldes wird immer wieder hingewiesen.
Nach dem Besuch des Geburtshauses wandern wir, vorbei an einem alten Bauernhof, zum Lentkreuz, einer großen Wegkreuzung. Ab hier geht es – leider auf asphaltierter Straße – immer am Bach entlang zum Ausgangspunkt zurück. Hier befindet sich auch die

berühmte Waldschule, die Peter Rosegger gründete und die heute als Museum (Schulräume und Wandermuseum) eingerichtet ist. Im Schulgarten gibt es einen netten kleinen Spielplatz.

Wegverlauf

Ausgangspunkt ist der Parkplatz am Alpl bei der Waldschule. Von hier aus sieht man schon die große Tafel des Waldlehrpfads. Man folgt diesem auf roter Markierung in Kehren, vorbei an den Hinweistafeln bis zum Kluppeneggerhof. Hier zweigt oberhalb der Wirtschaftsgebäude ein rot markierter breiter Weg nach St. Kathrein/Hauenstein ab. Dieser roten Markierung folgen wir, zuerst über eine Kuhweide, dann durch Wald und über eine schöne Wiese zum Schmiedhoferhof. Hier nach rechts und weiter rot bezeichnet bis zur Zufahrtsstraße dieses Hofs. Auf der Straße weiter bergab zum Lentkreuz. Hier wendet man sich nach links und geht auf der asphaltierten Straße zurück zum Ausgangspunkt (Straßenstück 20 Min.). In der Nähe des Parkplatzes befindet sich die Waldschule mit dem kleinen Spielplatz.

Besonderheiten in der Umgebung

- Peter-Rosegger-Museum in seinem Landhaus in Krieglach
- Schloß Pichl in Mitterdorf im Mürztal
- Ruine Althohenwang oberhalb Langenwangs im Mürztal
- Freibad in Krieglach

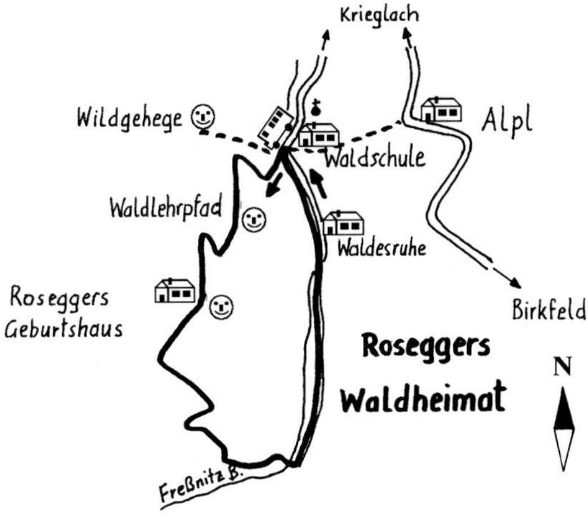

49 FALKENSTEIN – NIXHÖHLE *Gehzeit:* 1,5 Std. /

Zielschießen mit Tannenzapfen und ein luftiger Felsgipfel

Alter: ab 5 Jahre

Ausgangspunkt: Bahnhof Frankenfels

Bahnverbindung: Mariazeller Bahn, von St. Pölten nach Mariazell bis Haltestelle Frankenfels

➜ *Wegverlauf:* Bahnhof Frankenfels (464 m) – Falkenstein (730 m) – Redtenbachtal – Frankenfels

Stützpunkt: Gasthöfe in Frankenfels

Was allen Spaß macht:
- kleiner Wasserfall im Wald
- Fitneßparcours entlang des Aufstiegsweges
- felsiger Gipfel mit Gipfelkreuz

Karten: Freytag & Berndt, Bl. WK 031

Auf den Falkenstein bei Frankenfels führt ein sehr interessanter Aufstieg. Die herausragenden Besonderheiten sind hier sicherlich der romantische Wasserfall, ein Fitneßparcours und der atemberaubende Blick in die Tiefe vom Gipfel aus.

Der Weg führt zuerst zu einem kleinen Wasserfall mitten im Wald. Eine Bank verleitet zur Rast, an heißen Sommertagen ist es hier angenehm kühl.

Eine weitere Attraktion für Kinder und Erwachsene ist der Fitneßparcours, der entlang eines Teils des Aufstiegweges verläuft. So muß man zum Beispiel bei einer Station seine Fähigkeiten im Zielschießen mit Tannenzapfen unter Beweis stellen (daß die Tannenzapfen in Wirklichkeit von Fichten stammen, erleichtert die Aufgabe auch nicht gerade).

Der Aufstiegsweg ist oft sehr schmal, aber nie ausgesetzt und luftig.

Vom Gipfel, der mit einem Drahtseilgeländer gut abgesichert ist, hat man eine schöne Aussicht auf das Land um Frankenfels bis hin zum Ötscher.

Der Abstieg führt uns an einer alten Mühle vorbei. Sie ist ein Zeugnis dafür, daß hier früher nicht nur Viehwirtschaft betrieben, sondern auch Getreide angebaut wurde.

In unmittelbarer Nähe des Falkensteins befindet sich die Nixhöhle. Sie ist eine der größten Tropfsteinhöhlen Niederösterreichs. Man kann sie vom Falkenstein aus auch auf einem rot markierten Weg erreichen. Die Führung dauert eine Stunde, festes Schuhwerk und warme Kleidung sind ratsam.

Wegverlauf

Ausgangspunkt ist der Bahnhof in Frankenfels an der Mariazeller Bahn. Man durchquert den Ort bis zur Kirche und folgt hier dem Wegweiser und der roten Markierung noch auf asphaltierter Straße bis zum Vereinshaus der Eisstockschützen. Hier führt, rechts von der Straße, der Weg in den Wald (hier beginnt auch der Fitneßparcours). Auf diesem entlang, vorbei am Wasserfall, bis man wieder die asphaltierte Straße erreicht. Diese überquert man und folgt dem Wegweiser (Tafel: „Guter Hirt") wieder in den Wald. Hier auf roter Markierung, immer noch entlang des Fitneßparcours, bis zum Rastplatz „Guter Hirt". Der Weg führt nun am Fuß der Gipfelfelsen weiter, und bald erreicht man eine große Futterwiese auf einem Wiesensattel. Hier nach rechts und in wenigen Minuten auf den Gipfel. Für den Abstieg überquert man diese Wiese bis zu einem Gehöft und wendet sich dann auf der hier beginnenden Forststraße nach rechts. Auf dieser bergab bis ins Redtenbachtal. Bei dem schönen Bildstock wieder nach rechts, vorbei an der alten Mühle und zurück in den Ort Frankenfels. Nun wie im Aufstieg zurück zum Bahnhof.

Besonderheiten in der Umgebung

- Nixhöhle, geöffnet: 1. Mai–26. Okt. tägl., Führungen finden um 9.30, 11, 13, 14.30, 16 Uhr statt.
- Bergbauernmuseum am Hausstein
- Freibad neben dem Bahnhof in Frankenfels

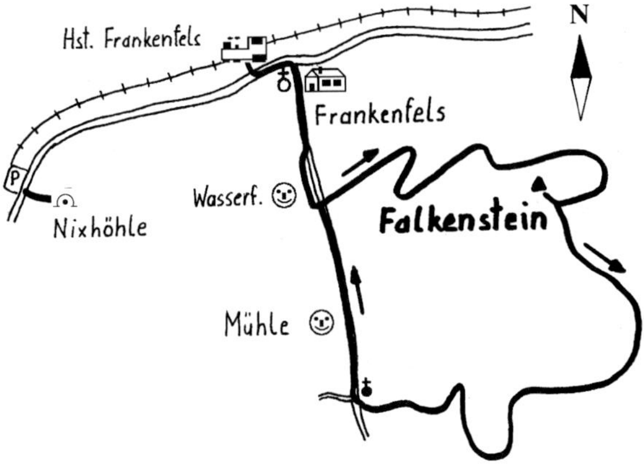

50 HINTERE TORMÄUER

Gehzeit: 3 Std./

Mit der Mariazeller Bahn ins Ötscherland

Alter: ab 6 Jahre

Ausgangspunkt: Gösing an der Mariazeller Bahn

Bahnverbindung: Mariazeller Bahn, von St. Pölten nach Mariazell bis Haltestelle Gösing; Rückfahrt: ab Haltestelle Wienerbruck-Josefsberg

Wegverlauf: Gösing (869 m) – Erlaufboden (540 m) – Hintere Tormäuer – Wienerbruck (795 m)

Stützpunkt: Gasthof in Erlaufboden

Was allen Spaß macht:
- romantischer Weg entlang der Erlauf
- zahlreiche Stege, Stufen und Brücken

Karten: Freytag & Berndt, WK 031, 1:50 000

Die rund 17 Kilometer lange Tal- und Schluchtenlandschaft der Erlauf von der Einmündung des Ötscherbaches bei den Ötschergräben bis Urmannsau (nahe Kienberg) gehört zu den herausragenden Naturschönheiten Niederösterreichs. Die Tormäuer lassen sich durchwegs auf Sandstraßen und bequemen Steiganlagen durchwandern.

Der Weg führt entlang der Erlauf über zahlreiche Brücken und Stege. Auf halber Strecke des Weges zwischen Erlaufboden und der Abzweigung zu den Ötschergräben kommt man an einem imposanten Felsentor vorbei, der Gamslucken-Höhle. Das Wasser ist hier immer ganz nah, viele kleine Buchten eignen sich zum Rasten und zum Spielen am Bach. Beim Zusammenfluß des Ötscherbaches mit der Erlauf befindet sich ein kleines Kraftwerk. Von außen kann man durch die Fenster der Werkshalle gut die riesigen Turbinengehäuse sehen. Ab hier wird der Weg ein wenig steiler, etliche Stufen müssen erklommen werden, mehrmals führt der Steig sogar durch kleine Felstunnel. Bald erreicht man den Lassingfall. Am Ende der Wanderung kommen wir zu dem großen Stausee bei Wienerbruck. Das Kraftwerk Wienerbruck wurde ursprünglich erbaut, um die Mariazeller Bahn betreiben zu können.

Aber nicht nur wegen der faszinierenden Landschaft ist dieses Gebiet so berühmt. Hier findet man eine für den Alpenraum einzigartige Pflanzenwelt. Pflanzen, die man sonst nur in den Regionen oberhalb der Baumgrenze findet (z. B. Almrausch und Enzian), kommen hier auch in Buchen- und Fichtenwäldern vor.

Eine weitere Besonderheit dieser Wanderung bietet die Mariazeller Bahn. Sie ist eine Schmalspurbahn, die Anfang des Jahrhunderts gebaut wurde. Die E-Loks aus den Jahren 1911–1914 versehen heute, etwas modernisiert, immer noch ihren Dienst.
Wir benützen die Bahn entweder bereits zur Anreise oder spätestens, um von Wienerbruck zum Ausgangspunkt zurückzukehren.

Wegverlauf

Ausgangspunkt ist der Bahnhof in Gösing an der Mariazeller Bahn. Die rote Markierung beginnt bereits unterhalb des Bahnhofs. Man geht zuerst am großen Hotel vorbei (hier Wegweiser nach Erlaufboden) und folgt der roten Markierung in den Wald. Nun steil bergab, einige Male die Straße kreuzend, nach Erlaufboden. Hier weiter auf roter Markierung bis zum Beginn des Weges in die Hinteren Tormäuer. Auf schmalem, aber gutem Schotterweg bis zum Stausee und zur Abzweigung in die Ötschergräben (1 Std. ab Erlaufboden). Vor dem Kraftwerk über eine kleine Brücke und weiter auf der roten Markierung bis zum großen Stausee der Lassing. Hier nach rechts und weiter bis zum Bahnhof Wienerbruck.

Besonderheiten in der Umgebung

- Ötschergräben
- Vordere Tormäuer
- Erlaufsee mit Gemeindealpe
- Mariazell

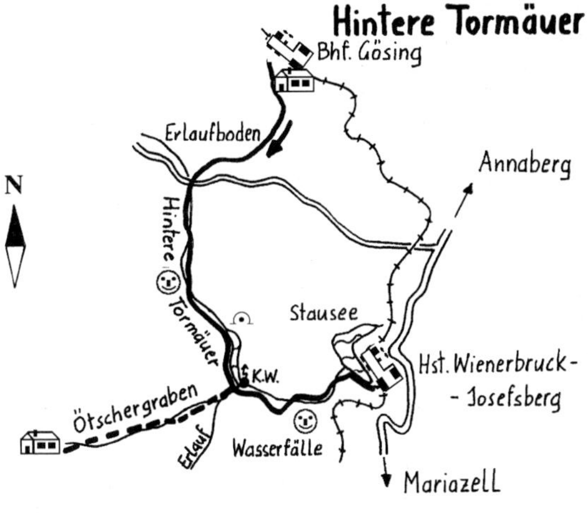